INTRODUÇÃO 5
CAPÍTULO 01 RIQUEZAS DO UNIVERSO 10
    A MAIOR PRECIOSIDADE 11
    APRENDER A FAZER O BEM 14
    A RIQUEZA DA CRIAÇÃO 16
    A ABUNDÂNCIA E A ESCASSEZ 17
CAPÍTULO 02 PROPÓSITO 27
    A PERFEIÇÃO DE DEUS 28
    A VONTADE DE DEUS É ABSOLUTA 30
    DEUS É ETERNO E IMUTÁVEL 36
    CONHECER O PROPÓSITO 37
    DESCUBRA SUA IDENTIDADE REAL 41
    REALIZAÇÃO E FELICIDADE 44
    COMO DESCOBRIR O PROPÓSITO? 46
CAPÍTULO 03 A BUSCA POR SABEDORIA 50
    O QUE É SABEDORIA? 51
    A MENTE HUMANA 57
    A SABEDORIA NA BÍBLIA 61
    COMO ADQUIRIR SABEDORIA? 62
CAPÍTULO 04 CONTRIBUIÇÕES 70
    O UNIVERSO PERTENCE AO CRIADOR 71
    DEUS PRECISA DO NOSSO DINHEIRO? 72
    POR QUE CONTRIBUIR, SE DEUS NÃO PRECISA DE DINHEIRO? 73
    TUDO QUE É MEU NÃO É MEU MÉRITO? 76
    QUAIS SÃO OS TIPOS DE CONTRIBUIÇÕES? 77
    O QUE É LEI DA SEMEADURA? 86
    E QUANTO AO LÍDER CORRUPTO? PODEMOS FAZÊ-LO PAGAR SUA CONDUTA? 90
    DEVO CONTRIBUIR SABENDO QUE O LÍDER IRÁ FAZER MÁ UTILIZAÇÃO? 95
    TROQUE APEGO MATERIAL POR CONEXÃO ESPIRITUAL 97
CAPÍTULO 05 GANHAR DA FORMA CORRETA 104
    DAR E RECEBER: A DANÇA DAS MOEDAS 105
    A DIFICULDADE EM RECEBER 106
    RECEBENDO MAL: IMPACTOS NEGATIVOS EM QUEM RECEBE . 107

RECEBENDO MAL: IMPACTOS NEGATIVOS EM QUEM DOA 108

CAPÍTULO 06 A PROFUNDEZA DA FÉ EM DEUS 113

A VERDADEIRA REALIDADE É ESPIRITUAL 114
O QUE É FÉ? 116
COMO ALCANÇAR E AUMENTAR A FÉ 118
QUAL É O PODER DA FÉ? 119

CAPÍTULO 07 ADMINISTRAÇÃO E FINANÇAS 122

CO-HERDEIROS E GESTORES DA CRIAÇÃO 123
PESSOAS SÃO PRECIOSAS 125
FLUXO E ACÚMULO: A RESPONSABILIDADE DE POUPAR 129
COMO GUARDAR NA PRÁTICA? 132
JOSÉ E O SONHO DE FARAÓ: PROBLEMAS VIRAM OPORTUNIDADES 135

CAPÍTULO 08 INVESTIMENTO E CRÉDITO 142

O QUE SIGNIFICA INVESTIR? 143
PARÁBOLA SOBRE INVESTIR: O MATERIAL E O ESPIRITUAL SE UNEM 146
O QUE É O EFEITO MATEUS? 152
COMO VENCER SOB O EFEITO MATEUS? 154
SISTEMA DE CRÉDITO COMO FUNCIONA? 163

CAPÍTULO 09 EMPREENDER COM AMOR: A SUPER NOIVA! 166

A IGREJA É CONFIÁVEL 170
A IGREJA APRENDEU A FAZER O BEM 171
A IGREJA TRABALHA COM PROPÓSITO 171
A IGREJA TEM PRESSA 172
A IGREJA INVESTE E EMPREENDE 172
A IGREJA TEM EXCELÊNCIA 173
A IGREJA É GENEROSA 173
A IGREJA NÃO TEME O FUTURO 174
A IGREJA É FONTE DE SABEDORIA 174
A IGREJA EXALTA CRISTO 175
A IGREJA TEM ZELO 175
A IGREJA COMEMORA OS TRIUNFOS 175

CAPÍTULO 10 TESOUROS NO REINO DE DEUS 178

RIQUESAS NA TERRA.. 179
RIQUESAS NO CÉU 179
UMA CIDADE – UMA NOIVA 180
UMA CONEXÃO CONSTANTE 180
SOLUÇÃO DEFINITIVA PARA A HUAMNIDADE 181
QUALIDADE TOTAL 182
EXPLENDOR SUPREMO 183

DEDICATÓRIA **186**

INTRODUÇÃO

O principal objetivo deste livro é guiá-lo na conexão com nosso Criador por meio da Palavra da salvação, da Bíblia e de Cristo, a fim de acender e fortalecer sua fé e, finalmente, ajudá-lo a descobrir seu verdadeiro propósito em Deus.

Este livro não é sobre ilusões de riqueza, fama ou sucesso imediato, mas mostra o caminho saudável e prático dos ensinamentos que a Bíblia nos traz. Os sonhos e desejos das pessoas podem ser realizados de acordo com a vontade de Deus, mas temos diferentes habilidades para realizar coisas diferentes, devido às nossas próprias circunstâncias e individualidades, e principalmente por causa dos nossos propósitos únicos. Vamos embarcar nesta emocionante jornada de descobrir como alinhar nossos sonhos com o plano de Deus para nós!

Enquanto alguns se tornam muito ricos, empreendedores, celebridades e famosos, outros podem viver de forma mais simples, sem muita proeminência social, mas com grande satisfação em viver. Viver plenamente pode não ter nada a ver com ter fartura em bens materiais ou ter popularidade.

Os ensinamentos da Bíblia revelam que a "**felicidade**" que as pessoas buscam ou exibem nas mídias hoje em dia é superficial e sem sentido, ao mesmo tempo em que revela o real significado de nossas vidas e a verdadeira felicidade, incluindo dificuldades e sofrimentos, todos inseridos em algo maior e mais profundo do que autorrealização e prazer, mas **uma experiência integral**, também conhecido com o nome de **plenitude**.

Vaidade de vaidades! diz o pregador, vaidade de vaidades! Tudo é vaidade.

Eclesiastes 1:2

Não me neguei nada que os meus olhos desejaram; não me recusei a dar prazer algum ao meu coração. Na verdade, eu me alegrei em todo o meu trabalho; essa foi a recompensa de todo o meu esforço.

Contudo, quando avaliei tudo que minhas mãos haviam feito e o trabalho que eu tanto me esforçara para realizar, percebi que tudo foi inútil, **foi correr atrás do vento**; não há qualquer proveito no que se faz debaixo do sol.

Eclesiastes 2:10-11

Eu lhes disse essas coisas para que em mim vocês tenham paz. **Neste mundo vocês terão aflições**; contudo, tenham ânimo! Eu venci o mundo.

João 16:33

Salomão certa vez acreditou que tinha tudo planejado, apenas para perceber o vazio de tudo no final, apesar da alegria temporária que isso trazia. Jesus nos alertou sobre as provações e tribulações deste mundo, enfatizando que evitá-las é inútil. Em vez disso, ele nos exortou a ter coragem diante da adversidade.

Muitas pessoas se acostumaram à ideia de fugir de seus problemas, uma noção profundamente enraizada em nós. No entanto, o verdadeiro desafio da vida está em abraçar essas dificuldades, pois elas nos proporcionam uma experiência mais profunda e nos ajudam a crescer.

Dentro de cada um de nós existe um estranho apego à dor, ainda mais evidente nas pessoas atraídas por notícias trágicas ou formas perigosas de entretenimento. Até certo ponto, os humanos também são atraídos pelo sofrimento. Essa característica humana não existe à toa, ela tem uma conexão para nos aproximar de problemas, só precisamos aprender usar isso para o bem em vez buscar o mal ou de ficar tentando fugir ou ter medo dos desafios.

Então devemos buscar soluções e enfrentar problemas de frente. Cada desafio apresenta uma oportunidade de crescimento pessoal e uma chance de causar um impacto positivo na vida dos outros. Considere abraçar os desafios, pois eles contêm muitas chaves para desbloquear seu verdadeiro potencial.

Meus irmãos, considerem tudo isso como alegria quando caírem em diversas tentações; sabendo disto, que a prova da vossa fé opera a paciência.

Que a paciência, no entanto, realize a sua obra perfeita, para que sejais perfeitos e completos, sem vos faltar coisa alguma.

Tiago 1:2-4

E não somente isso, mas também nos gloriamos nas tribulações, sabendo que a tribulação produz perseverança; a perseverança, caráter aprovado; e o caráter aprovado, esperança.

Romanos 5:3-5

Durante minha adolescência, tive muito contato com jogos eletrônicos e até estudei sobre eles a ponto de me considerar um especialista no assunto naquela época. Uma curiosidade interessante é que entre os fatores que podem diferenciar jogos bons de jogos ruins em avaliações feitas por jogadores e especialistas está a dificuldade do jogo. Ou seja, quanto mais difícil e desafiador um jogo for, maior é a chance de aquele jogo fazer sucesso entre os jogadores.

Acredito que o mesmo se aplica aos esportes em geral, principalmente aqueles considerados esportes radicais. Hoje em dia, podemos ver o nível de dificuldade ou desafio até mesmo em descrições de cargos, para atrair pessoas para uma determinada posição. Nem todas as pessoas gostam de altos riscos e desafios, mas a intenção do empregador é justamente atrair indivíduos que entendem como a vida humana funciona em relação aos desafios. Esses indivíduos provavelmente trarão melhores resultados para as empresas que os contratarem.

A Bíblia desafia você, sua própria vida desafia você, sua família desafia você, eu desafio você através deste livro, e até mesmo Deus, que te ama tanto, desafia você. É assim que somos provocados para reagirmos.

Este livro lhe fornecerá algumas estratégias que aprendi nas Escrituras Sagradas e na minha vida prática sobre como agir e reagir neste grande desafio de viver.

Leia a Bíblia, pois ela é a principal referência deste livro e me inspirou muito, e continua me inspirando ao longo da minha jornada em busca de propósito.

Este livro pode ajudá-lo a ler e orientá-lo na leitura da Bíblia, mas recomendo que você leia sua própria Bíblia na íntegra ou com a ajuda de outros materiais, em qualquer versão que você tenha, e consistentemente, pois ela contém muitos "segredos" valiosos.

CAPÍTULO 01
RIQUEZAS DO UNIVERSO

A MAIOR PRECIOSIDADE

Se alguém lhe fizesse a seguinte pergunta: **O que é "O Melhor da Terra"?** Que resposta você daria?

Vale a pena refletir sobre essa pergunta. Ela pode revelar várias respostas, possibilidades e até mesmo gerar novas perguntas importantes. Por exemplo:

- O melhor da Terra são bens materiais como dinheiro, tesouros e propriedades?
- O melhor da Terra é atingir objetivos como fama, paz mundial e erradicar a fome?
- O melhor da Terra são as maravilhas naturais ou a "Criação", como animais, plantas, minerais e ecossistemas?
- O melhor da Terra são pessoas comuns, a elite, os famosos e celebridades?
- O melhor da Terra é o poder, ter empresas, governos, reinos e impérios?
- O melhor da Terra são produtos, ativos, propriedade intelectual, marcas e patentes?
- O melhor da Terra são moedas virtuais e moedas digitais?

- O melhor da Terra são descobertas arqueológicas, segredos internacionais, relíquias antigas e obras de arte?
- O melhor da Terra são habilidades como força, beleza, saúde, sabedoria, velocidade e inteligência?
- O melhor da Terra são prazeres e delícias como comida, bebida, jogos e drogas?
- O melhor da Terra é uma combinação de tudo isso?
- O melhor da Terra é algo que não está nesta lista?

A esta altura, você pode ter chegado a uma conclusão que faz sentido para você, ou começou a entender o nível de importância do assunto, ou talvez a pergunta o tenha deixado ainda mais curioso. Mas cuidado! Algumas coisas desagradáveis, ou que não agradam a Deus, foram mencionadas intencionalmente na lista.

Posso lhe oferecer uma ótima resposta para essa pergunta, com base nas **Escrituras**, e realmente espero que você a considere, pois minha resposta se aplica a todas as pessoas.

O melhor da Terra é **Jesus Cristo** e **Seu sangue**, incluindo tudo o que Seu sacrifício e sangue derramado na cruz podem significar para nós. A Bíblia nos diz que na morte de **Cristo**, houve um terremoto e escuridão, e eventos muito chocante para as pessoas, tamanho foi o poder e a significância deste acontecimento no ato da morte de Cristo.

Esses fenômenos marcantes evidenciam ainda mais que o sangue precioso do único humano sem pecado era puro e poderoso demais. Ao tocar o solo de uma terra amaldiçoada pelo pecado original, tais reações se fizeram necessárias para que as pessoas testemunhassem a seriedade do que estava acontecendo.

Depois de ter bradado novamente em alta voz, Jesus entregou o espírito.

Naquele momento, o véu do santuário rasgou-se em duas partes, de alto a baixo. A terra tremeu, e as rochas se partiram.

Os sepulcros se abriram, e os corpos de muitos santos que tinham morrido foram ressuscitados.

E, saindo dos sepulcros, depois da ressurreição de Jesus, entraram na cidade santa e apareceram a muitos.

Quando o centurião e os que com ele vigiavam Jesus viram o terremoto e tudo o que havia acontecido, ficaram aterrorizados e exclamaram: "Verdadeiramente este era o Filho de Deus!".

Mateus 27:50-54

Embora não possamos afirmar que Ele tenha vindo desta terra, dada sua natureza divina, é inegável que Ele esteve aqui, entre nós. Tornou-se para sempre a pessoa mais preciosa, e seu sangue é o bem mais valioso de todo o universo, tanto para nós, humanos, quanto para Deus Pai.

Lembrando também que Cristo é '**O PÃO**', o qual no Velho Testamento foi representado pelo **Maná** que alimentou o povo de Deus no deserto durante sua peregrinação e saída do Egito, cumprindo o propósito divino de sustentar e guiar Seu povo rumo à Terra Prometida:

"**Eu sou o Pão Vivo** que desceu do céu; se alguém comer deste pão, viverá eternamente; e o pão que deverei dar pela vida do mundo é a minha carne."

João 6:51

"E a casa de Israel chamou-lhe **Maná**; e era como semente de coentro, branco; e o sabor era como bolachas feitas com mel."

Êxodo 16:31

APRENDER A FAZER O BEM

Este é o texto da Bíblia, de onde eu tirei a ideia para o título deste livro:

"Se quiserdes e me ouvirdes, comereis **o melhor desta terra**;"

Isaías 1:19 ARA

Para entender um pouco mais, podemos voltar e o ler a partir do verso dezessete (17):

"**Aprendam** a fazer o bem! Busquem a justiça, **acabem** com a opressão. **Lutem** pelos direitos do órfão, **defendam** a causa da viúva. "**Venham, vamos refletir juntos**", diz o Senhor. "Embora os seus pecados sejam vermelhos como escarlate, eles se tornarão brancos como a neve; embora sejam rubros como púrpura, como a lã se tornarão". Se vocês estiverem **dispostos a obedecer**, comerão os **melhores frutos desta terra**;"

Isaías 1:17-19

O contexto dessa passagem, no primeiro capítulo de Isaías, trata-se de um momento da história de Israel, como tantos outros, em que Deus castiga, repreende e convida o povo ao arrependimento.

O versículo **19** se refere aos **melhores frutos** desta terra, que podem ser qualquer coisa criada ou produzida. Podemos interpretar que se trata de alimentos ou até mesmo de "frutos" no sentido literal, sem problema algum. No entanto, não devemos descartar outras interpretações, principalmente a de que o Melhor da Terra é a "Salvação de Deus", **Yeshua**, para o ser humano.

Neste texto, é enfatizado que devemos fazer o bem, ser obedientes e agir com justiça, referenciando claramente **Cristo** e Sua relação com o perdão dos pecados e seus ensinamentos. E tudo isso vem com uma promessa: **comer os melhores frutos desta terra**, que convido você a interpretar como **viver da melhor forma possível** e aproveitar a vida que o **Criador** nos deu **para cumprir propósitos**, juntamente com os recursos que **Ele** nos concede. Mas há um detalhe importante: **aprender a fazer o bem**.

Insisto que o **melhor da terra é Cristo** por conta de todo o **benefício** que Ele nos concede, ou seja, é uma vasta coleção de privilégios. Para abreviar, vou citar apenas o maior de todos eles, a **salvação**. Pois a salvação é um direito de **felicidade na eternidade**. Isto é tão valioso e importante que ultrapassa os limites de tudo aquilo que chamamos de **reino material** e é melhor do que toda aquela lista de respostas para a pergunta "O que é o melhor da terra?".

O tema **salvação** vai aparecer mais vezes neste livro, mas é um assunto tão importante e tão abordado em muitas outras obras, muitas das quais o tratam de maneira bem mais profunda. Lembrando que temos a própria **Bíblia** para ser lida e estudada, seja para este ou outros assuntos.

Outra coisa que nos chama muita atenção é a parte que diz: "Venham, vamos refletir juntos". **Deus está nos chamando para pensar junto com Ele**, e isso é algo que um professor diz para os alunos quando quer **dar liberdade para perguntas** ou deseja a participação dos alunos nas aulas. Eu também tenho o costume de usar essa didática até em conversas normais. Tal afirmação reforça a primeira palavra citada no texto: **Aprendam**, implicando que, para **fazer o bem** ou **praticar a justiça**, é exigido estudo, esforço e que existe uma forma correta de fazer. Seria interessante que você tentasse perceber meu uso didático do "vamos refletir juntos" ao longo deste livro.

Note que a passagem não nos ordena **aprender como enriquecer**, mas manda buscar **praticar o bem** e a **justiça**, e a parte "**comer os melhores frutos desta terra**" é apenas a consequência. Tal ensinamento se repetirá na **Bíblia** em várias outras passagens, inclusive faz parte de um "**segredo**", diretamente ligado à **felicidade**, que é o "**princípio da sabedoria**" conforme veremos mais detalhadamente.

A RIQUEZA DA CRIAÇÃO

Deus, o único Deus, não é somente o arquiteto; Ele é muito mais do que isso: Ele é o desenhista, o projetista e o executor de toda a criação. A ideia e a nomenclatura de 'Arquiteto do Universo' não são atribuídas ao Deus Eterno, mas sim a um ser inferior chamado de 'demiurgo' dentro das crenças gnósticas, o que não se alinha com o que proponho ensinar neste livro. A palavra 'Criador' combina e resume melhor o significado do que Deus é em relação à Sua grande obra.

"No princípio criou Deus o céu e a terra."

Gênesis 1:1

"Desde a antiguidade fundaste a terra, e os céus são obra das tuas mãos."

Salmos 102:25

A ABUNDÂNCIA E A ESCASSEZ

Quando fiz meu curso de graduação na faculdade, eu aprendi na matéria de economia, um dilema que a disciplina propõe: '**o princípio da escassez**', que diz que as nossas necessidades são infinitas (o ser humano nunca está plenamente satisfeito) e os recursos materiais são finitos e escassos. Esse dilema cria, no estudante ou praticante da disciplina de economia, um direcionamento de como tratar, gerenciar e decidir a forma mais precisa e correta de utilizar ou consumir os recursos disponíveis para determinadas finalidades.

O propósito do dilema é ajudar a encontrar formas de evitar o desperdício e ao mesmo tempo tirar o máximo proveito dos recursos disponíveis para a realização de qualquer trabalho ou atividade. Isso é uma coisa muito positiva e podemos utilizar este dilema para acumular riquezas (também abordaremos este assunto adiante mais detalhadamente).

Mas existe um perigo em interpretar mal esse princípio, porque na realidade a riqueza não está limitada e não se baseia somente nos recursos materiais. Porque se usarmos sabedoria, se tivermos boa vontade e trabalharmos corretamente, podemos criar 'do nada', ou de alguns poucos recursos disponíveis, coisas muito valiosas e incríveis. Lembre-se do 'Aprendam a fazer o bem!' do versículo de Isaías 1:17 porque para fazer é preciso saber.

O 'nada' ou o 'vazio' pode funcionar como a terra no solo ou como um útero materno com óvulos. Nossas ideias, nossa imaginação, nossos sonhos e projetos funcionam como uma semente ou como o esperma masculino. Nossas palavras e nosso trabalho funcionam como a ação que irá colocar a semente no solo ou o esperma dentro do útero, acho que o resto você já sabe, não é? O nada vai produzir algo a partir de informações e comandos de ordem que o projeto ou trabalho fornecer.

> No princípio criou Deus o céu e a terra.
> E a terra era sem forma e **vazia**; e havia **trevas** sobre a face do **abismo**.
> E o Espírito de Deus se movia sobre a face das águas.
> E **disse** Deus: Haja luz; **e houve luz**.
>
> **Gênesis 1:1-3**

A ordem de Deus, ou seja, Sua **Palavra** sobre o vazio e sobre as trevas, deu origem a algo novo, o que conhecemos como luz. Essa ordem é uma ação carregada de propósito e informações. Informações de como Deus imaginou e desejou a luz, assim como a semente carrega as informações ou códigos genéticos, ou seja, como se a ordem fornecesse essas informações e instruções de como a luz seria e qual resultado traria. A Palavra de Deus, com Seu propósito divino, penetrou o vazio e as trevas e, a partir disso, foi produzido então o resultado que o Criador desejou.

E viu Deus a luz, que isto era bom; e Deus separou a luz das trevas.

Gênesis 1:4

Esse é um dos muitos e maravilhosos poderes que o ser humano herdou de **Deus** como imagem e semelhança de seu **Criador**, ou seja, herdamos a capacidade de criar coisas valiosas para nós mesmos ou para outras pessoas, uma capacidade de criar ou gerar **riquezas** de forma ilimitada.

Imagine uma pintura. Para criá-la, o artista precisou de poucos recursos materiais, como tinta e uma tela de pintura. No entanto, graças ao seu **talento**, **técnica** e **imaginação**, ele pode ter criado, em algum período de tempo, uma obra de arte que pode valer uma verdadeira fortuna, e que muitos pagariam de bom grado para possuir. Este é apenas um exemplo simples de **geração de riqueza**, e podemos imaginar muitos outros.

Essa percepção de que os recursos materiais são escassos visa adotar práticas e estudos para ter um **melhor aproveitamento de recursos**, já que, de certo pontos de vista podem ser escassos, mas isso não nos impede de enxergar que a geração de riquezas é algo que não tem fim, a riqueza nunca se acaba, já que podemos criar mais conforme desejarmos. Além disso, nosso planeta e o universo são fontes gigantescas de **recursos diversos e abundantes**. No entanto, sabemos que não temos acesso a todos esses recursos da maneira que gostaríamos, seja a qualquer momento ou simultaneamente.

O universo só funciona tão bem como ele é porque existe abundância de matéria, de energia, de ordem e de leis fundamentais, e **Deus** governando e promovendo seu regimento. Tudo funciona com acúmulos, com movimento e com fartura.

"... A RIQUEZA NUNCA SE ACABA, JÁ QUE PODEMOS CRIAR MAIS CONFORME DESEJARMOS"

Você, assim como eu, é um ser capaz de gerar riquezas por que assim também foi o desejo do nosso **CRIADOR**:

"Então disse Deus: "**Façamos o homem à nossa imagem, conforme a nossa semelhança. Domine ele** sobre os peixes do mar, sobre as aves do céu, sobre os animais grandes de toda a terra e sobre todos os pequenos animais que se movem rente ao chão".

Criou Deus o homem à sua imagem, à imagem de Deus o criou; homem e mulher os criou."

Gênesis 1:26-27

"**Domine ele...**" diz o texto, o ser humano tem aqui sua primeira missão revelada, antes mesmo da sua criação, guarde bem essa ideia, para podermos entender mais um pouco no decorrer da leitura.

O mesmo trapaceiro e enganador que mentiu para Adão e Eva no começo, é o ser mais empenhado na derrota e ruína da humanidade. Satanás teve inveja das nossas características e poderes exclusivos que Deus nos deu, inclusive o domínio sobre todas as coisas, e quis tomar esse domínio das mãos dos seres humanos.

Por que as forças das trevas se incomodam tanto com os seres humanos? E por que **Deus** se envolveu tanto emocionalmente com a humanidade, ao ponto de, sabendo que cairíamos pelo pecado original, mesmo assim nos criou, e, tendo nós cometido pecado, colocou em ação Seu plano de salvação, que chamo neste livro de "**O Melhor da Terra**", que é o Seu próprio Filho, **Cristo**, para morrer na cruz e pagar nossos pecados?

Essas intrigantes perguntas dão a entender que o ser humano é a parte da criação em que **Deus** investiu o mais inestimável valor, **Cristo**.

Ele uniu o pó da terra com água (barro) e o ar (sopro nas narinas), infundindo uma parte de **Si** mesmo – o espírito ou fôlego de vida – dentro de nós. Esse sopro pode ser interpretado como ar que acendeu uma centelha de vida (fogo ou plasma), o que muitos entendem ser a nossa porção espiritual. Nos fez à Sua imagem e semelhança, que também é a morada para o Seu próprio **Espírito** (Ruach), o Espírito Santo.

Então o Senhor Deus formou o homem do pó da terra e soprou em suas narinas o fôlego de vida, e o homem se tornou um ser vivente.

Gênesis 2:7

Eu comparo o **coração humano** e as **emoções humanas** a um reator, ou uma usina nuclear que gera cargas de energia muito poderosas. Essas nossas **emoções**, deveriam servir para espalhar grandes feitos e realizações – os **sonhos do coração de Deus**. Quando Ele mora em nós, os sonhos dEle vão para o coração humano e se propagam em forma de **boas ações** e abundância por toda a criação de Deus.

pois é Deus quem efetua em vocês tanto o querer quanto o realizar, de acordo com a boa vontade dele.

Filipenses 2:13

Infelizmente, quando o pecado entrou na história humana boa parte disso se perdeu ou se corrompeu em más ações.

Somos uma **obra assinada**, pois existe no **DNA humano** um padrão que se repete, de intervalos numéricos (10, 5, 6, 5) ao longo de toda a cadeia de moléculas que se ligam umas às outras em formato de uma **escada torcida em forma de hélice**. Esse padrão, uma sequência numérica, ao se transformar em letras do hebraico, forma o nome do Criador, o **TETRAGRAMA**, ou seja, as letras "**Yód**", "**He**", "**Vav**", "**He**", como mostrado na imagem, que se lê da direita para a esquerda na última linha.

O ser humano, o ápice da criação do **ETERNO**, possui em cada célula do corpo uma **assinatura única**, assim como um produto leva a marca de seu **fabricante** ou uma obra de arte leva a marca do seu **autor**. Essa **assinatura**, presente em nosso **DNA**, é uma prova tangível de que fomos intencionalmente criados com um **propósito especial**.

Recebemos do **Criador** muitas de Suas próprias características e capacidades. Muitos estudiosos e entusiastas da fé cristã acreditam que, se não fosse por causa do **pecado**, seríamos mais poderosos e impressionantes do que os **anjos**, uma possibilidade intrigante e notória.

Além disso, Deus nos quer como filhos, que também é um dos propósitos para o qual nos criou.

A palavra 'avodah' (אֲבוֹדָה - ah-vod-ah), que significa 'trabalho' ou 'serviço', é amplamente discutida e interpretada em textos judaicos antigos. De acordo com **Reif** (2017), 'avodah' é compreendida tanto no contexto litúrgico quanto na vida cotidiana dos judeus antigos.

> **Referência: Reif, Stefan.** "How did Early Judaism Understand the Concept of 'Avodah?" In *Jews, Bible and Prayer: Essays on Jewish Biblical Exegesis and Liturgical Notions*, pp. 196-209. Berlin, Boston: De Gruyter, 2017.

Domínio está diretamente ligado ao que estudiosos chamam de **Mandato de Avodah** (אֲבוֹדָה - ah-vod-ah), que significa "trabalho" ou "serviço" e o texto a seguir tem uma palavra derivada de "avodah".

O Senhor Deus colocou o homem no jardim do Éden para (le'ovdah - לְעָבְדָהּ) cuidar dele e cultivá-lo.

Gênesis 2:15

Para que tenhamos uma ideia do que domínio significa, vejamos algumas citações do **Dicionário Michaelis**:

1. *Autoridade, poder ou influência dominadora; dominação, império, supremacia: O domínio do capital. O domínio do mais forte.*
2. *Faculdade de dispor de alguma coisa por seu senhor.*
3. *Espaço ocupado; habitação, lugar, propriedade.*
4. *Autoridade e controle que se impõem a grupos antagônicos pelos mecanismos de coerção.*
5. *Vasta extensão territorial que pertence a um indivíduo.*
6. *(...)*

> **Referência**: Dicionário Michaelis. Ano (2015). *Michaelis Dicionário Brasileiro da Língua Portuguesa*. Edição (Versão 2.0 web). Editora: Melhoramentos Ltda.

Temos o domínio sobre todas as coisas que estão ao nosso dispor para agradar ao nosso Criador e gerar valor para nós e nossos semelhantes. Esse conceito nos ajudará a entender melhor nossos papéis como administradores, um tema que será explorado mais adiante na leitura deste livro.

Assim como Deus é criador, nós também podemos criar, mesmo que de uma forma mais limitada, porém ainda assim, essa capacidade é muito poderosa e impressionante.

Toda essa capacidade, recursos valiosos, poder, governo e domínio que nos foram dados tem a finalidade de **garantir o sucesso de nossas missões**, e para que fiquemos cientes da nossa própria relevância na criação e de que temos um grande e importante trabalho para realizar. Em outras palavras, somos uma parte extremamente importante da criação, ao contrário do que a ciência que nega o criacionismo tenta nos dizer. Fomos capacitados e dotados de habilidades poderosas e recursos valiosos, ao ponto de poder causar inveja em outros seres inteligentes.

Cuide dos seus negócios lá fora, apronte a sua lavoura e, depois, construa a sua casa.

Provérbios 24:27

A riqueza da criação e sua abundância no universo estão diretamente ligadas aos nossos propósitos, sejam eles individuais ou coletivos. Entender isso deve despertar em cada um de nós a **aceitação dessa riqueza** tanto para aplica-la em nossas vidas e nossas experiências de vida quanto para acessar níveis maiores de crescimento e cumprimento de nossos propósitos.

Para o homem não há nada melhor do que comer, beber e encontrar prazer em seu trabalho. E vi que isso também vem da mão de Deus.

Eclesiastes 2:24

Descobri também que poder comer, beber e ser recompensado pelo seu trabalho é um presente de Deus.

Eclesiastes 3:13

Assim, descobri que a melhor coisa que alguém pode fazer aqui na terra é comer e beber e desfrutar o que ganhou com o seu trabalho, durante a vida que Deus lhe deu. Isso é tudo o que resta para ele.

Eclesiastes 5:18

CAPÍTULO 02
PROPÓSITO

A PERFEIÇÃO DE DEUS

Mencionar algumas características de Deus é fundamental para entendermos nossas próprias capacidades, pois fomos criados com o objetivo e propósito específico de representar o Criador neste mundo, conforme já visto. Essas características reforçam o entendimento dos tópicos que serão abordados a seguir neste livro.

A **onisciência**, **onipotência** e **onipresença** de Deus revelam que **Ele** está ciente de todos os aspectos da vida humana, possui o poder de realizar Seu propósito e Sua **vontade** absoluta na vida de cada indivíduo e está presente em todos os momentos e lugares. Esses atributos divinos asseguram que, se cada ser humano tem um propósito único e divino, também significa que será guiado por um Deus que conhece, compreende e pode fazer todas as coisas e se faz sempre presente para acompanhar e apoiar cada jornada pessoal.

Onipotência é a capacidade de Deus de fazer qualquer coisa que queira. Aqui estão algumas passagens que falam sobre essa capacidade.

"Ao **Todo-Poderoso** não podemos alcançar; grande é em poder; porém a ninguém oprime em juízo e grandeza de justiça."

Jó 37:23

"Bem **sei eu que tudo podes**, e que nenhum dos teus propósitos pode ser impedido."

Jó 42:2

"E o ruído das asas dos querubins se ouviu até ao átrio exterior, como a voz do **Deus Todo-Poderoso**, quando fala."

Ezequiel 10:5

Onipresença é a capacidade de Deus estar em todos os lugares e sondar, ou seja, examinar profundamente todos os mínimos detalhes das coisas e situações conforme a sua vontade.

Para onde me irei do teu espírito, ou para onde fugirei da tua face?
Se subir ao céu, lá tu estás; se fizer no inferno a minha cama, eis que tu ali estás também.
Se tomar as asas da alva, se habitar nas extremidades do mar, até ali a tua mão me guiará e a tua destra me susterá.
Se disser: Decerto que as trevas me encobrirão; então a noite será luz à roda de mim. Nem ainda as trevas me encobrem de ti; mas a noite resplandece como o dia; as trevas e a luz são para ti a mesma coisa;
Pois possuíste os meus rins; cobriste-me no ventre de minha mãe. (...)

Sonda-me, ó Deus, e conhece o meu coração; prova-me, e conhece as minhas inquietações.

Salmos 139:7-13, 23

E não há criatura alguma encoberta diante dele; antes todas as coisas estão nuas e patentes (evidente) aos olhos daquele com quem temos de tratar.

Hebreus 4:13

"Os olhos do Senhor estão em todo lugar, contemplando os maus e os bons."

Provérbios 15:3

Onisciência é a capacidade de Deus de saber de tudo, ou seja, uma sabedoria suprema ao qual nem temos parâmetro nenhum para poder sequer imaginar e muito menos medir.

"Tens tu notícia do equilíbrio das grossas nuvens e das maravilhas daquele que é **perfeito nos conhecimentos**?"

Jó 37:16

"Não sabes, não ouviste que o eterno Deus, o Senhor, o Criador dos fins da terra, nem se cansa nem se fatiga? É **inescrutável** (incompreensível) **o seu entendimento**."

Isaías 40:28

"Grande é o nosso Senhor, e de grande poder; o seu **entendimento é infinito**."

Salmos 147:5

A VONTADE DE DEUS É ABSOLUTA

É impossível frustrar os planos de Deus, não tem como evitar que Ele cumpra seu desejo ou vontade.

"Lembrem-se das coisas passadas, das coisas muito antigas! Eu sou Deus, e não há nenhum outro; eu sou Deus, e não há nenhum como eu.

Desde o início faço conhecido o fim, desde tempos remotos, o que ainda virá. Digo: **Meu propósito ficará de pé, e farei tudo o que me agrada**"

Isaías 46:9,10

Além de ser onipotente, onisciente e onipresente, Deus estabeleceu uma finalidade especial para todas as coisas, inclusive os seres humanos, em um plano geral tão bem elaborado e inteligente, que envolve as leis da ciência, as relações entre as pessoas, cada item e ser da criação, e toda a história da humanidade e do universo. Esse plano inclui até as interferências da inconstância humana, o pecado e o nosso livre arbítrio.

"O **Senhor** criou tudo o que existe com um propósito definido; até mesmo os ímpios para o dia do castigo."

Provérbios 16:4

O Senhor é a porção da minha herança e o meu cálice; tu sustentas a minha sorte. Em lugares agradáveis foram postos os limites do meu terreno; sim, tenho uma bela herança.

Salmos 16:5-6

Os teus olhos viram o meu embrião; todos os dias determinados para mim foram escritos no teu livro antes de qualquer deles existir.

Salmos 139:16

Tudo isso foi premeditado e calculado de uma forma incrivelmente grandiosa, que até hoje confunde os sábios e estudiosos. Eles se debatem, ora assumindo que apenas o **livre arbítrio** é verdade, ora que apenas a **predestinação** é verdadeira, ou que essas duas coisas se alternam em ciclos, como se fosse impossível que ambas sejam simultaneamente verdadeiras. O que acontece é que ambas as coisas são verdadeiras sem que uma anule a outra.

O problema em compreender essas questões é que nossa percepção intelectual é limitada. Se acreditamos no **livre arbítrio**, pensamos que temos o **poder de mudar nosso futuro**, o que supostamente invalidaria o fato de que o futuro já está desenhado e definido (**predestinado**). Ou ainda podemos questionar: se o futuro já está traçado, então o nosso poder de escolha é um tipo de **'falso'** livre arbítrio?

Para esclarecer esse dilema, digo que nosso livre arbítrio é real e também faz parte do que foi determinado. Ele é uma peça-chave importante nas engrenagens da criação do Eterno.

"Ele fez tudo apropriado ao seu tempo. Também colocou no coração do homem o desejo profundo pela eternidade; contudo, o ser humano não consegue perceber completamente o que Deus realizou."

Eclesiastes 3:11

O que muitas pessoas se esquecem de considerar é que o fato de não sabermos nosso futuro, nem todas as coisas que influenciam nossas escolhas, incluindo nossas emoções, já é um argumento suficiente para entender que nosso livre arbítrio é genuíno e real. Além disso, existem mistérios que nosso Criador ainda não revelou. Pense nisso e dedique o tempo necessário para compreender; foi isso que eu fiz, e valeu a pena. Você verá que muitos outros temas, incluindo os abordados neste livro, farão muito mais sentido.

Há um grande perigo em considerar apenas a predestinação como verdade, pois nossa tendência pecaminosa nos leva a **não zelar** por nossas decisões, assumindo que o futuro já está garantido ou então fazer as coisas erradas propositalmente achando que já estamos condenados. Da mesma forma, focar apenas no livre arbítrio pode nos levar ao exagero e à ansiedade de querer controlar tudo, achando que temos controle total de nossa vida, desconsiderando os planos e as formas misteriosas do agir de Deus.

Livre arbítrio e predestinação coexistem sem se anular mutuamente, complementando-se. Cada um de nós tem um papel importante tanto em nossa missão predestinada quanto em nossas próprias escolhas.

Será que Deus sabe quando nós vamos pecar? Isso faz parte do plano? Vamos analisar isto. Veja o que Cristo disse a Pedro:

Respondeu Jesus: "Asseguro-lhe que ainda esta noite, antes que o galo cante, três vezes você me negará"

Mateus 26:34-35

Pedro negou a Jesus, mesmo tendo dito e acreditado que não faria isso. Quando o momento chegou, várias condições, tanto mentais quanto emocionais, o fizeram negar a Cristo. Jesus, porém, via a história à frente no tempo e sabia dos fatores que influenciariam as atitudes de Pedro.

Então, não tem problema pecar de vez em quando? **Claro que tem**! Vejamos o que Jesus disse aos discípulos **Tiago**, **Pedro** e **João** após ter falado que Pedro o negaria. Quando se retirou com eles para orar e os encontrou dormindo, disse:

"Vigiem e orem para que não caiam em tentação. O espírito está pronto, mas a carne é fraca".

Mateus 26:41

Pedro, após ter negado Cristo e sentindo dor pela Sua morte, ficou muito mal e poderia ter desistido de tudo se Jesus não tivesse falado com ele após a ressurreição. Jesus precisou encorajá-lo novamente para que Pedro continuasse com seu chamado.

Nossas decisões trazem consequências que temos que enfrentar, querendo ou não. A experiência de Pedro foi crucial para ele, mas ele poderia ter evitado a dor e a tristeza se tivesse feito uma escolha diferente. O mesmo vale para cada um de nós.

Pela ótica da predestinação, não podemos mudar o curso da história através de nossas escolhas. No entanto, pela ótica do livre arbítrio, temos a obrigação de fazer o melhor para não errar. Mesmo quando nós erramos, nossos esforços para melhorar e escolher corretamente garantem que o erro nos ensinará algo necessário para cumprir nossos propósitos, como ocorreu com Pedro.

Essa dinâmica misteriosa entre ordem e caos acontece diariamente dentro de nós: é a batalha entre as vontades da carne e do espírito. Esse conflito interno, por mais desconfortável que seja, tem um propósito: **aperfeiçoar-nos**. Não confunda com evolução ou iluminação pessoal, da forma como os exotéricos propõem, mas sim teoria (da **Palavra**), prática (da luta interior e boas obras) e propósito (descoberta e cumprimento da missão), é o mais puro refinamento em **Cristo**.

Livre arbítrio faz parte da predestinação, e a predestinação integra-se ao poder de escolha que o livre arbítrio nos concede. Essas duas coisas estão tão interligadas quanto todas as outras coisas no universo.

O propósito é a missão principal de cada coisa ou pessoa na criação de Deus. Temos vários propósitos ao longo das diversas fases de nossas vidas e interferimos diretamente e indiretamente nos propósitos de outras pessoas.

A criação de Deus já está completa. O passado, presente e futuro foram planejados e executados com precisão perfeita e absoluta. O Criador tem conhecimento e controle de cada detalhe.

Contemplar a criação de Deus não é apenas observar fisicamente as coisas criadas. Também contemplamos a criação de Deus enquanto vivemos, estudamos o passado, planejamos ou prevemos o futuro, e refletimos sobre as coisas simples e complicadas do universo.

A complexidade disso tudo é realmente impressionante. Pode parecer difícil de entender, mas não vamos desanimar; era complicado até para o rei Davi:

Tal conhecimento é maravilhoso demais e está além do meu alcance, é tão elevado que não o posso atingir.

Salmos 139:6

Por ser tão complicado e difícil, muitas pessoas têm dificuldades em aceitar que existe um Deus que calculou cada mínimo detalhe de tudo. As coisas vivas e não vivas, a matéria, a energia, o tempo, o espaço, as leis da física e do universo, o plano material e o plano espiritual estão sob o controle de Deus. Para os mais céticos, é muito mais fácil acreditar em teorias vagas como a "teoria do caos" e/ou no "evolucionismo" e, consequentemente, tentar negar a existência ou a grandiosidade de Deus.

Porém, graças à Palavra Viva, que é a Bíblia, temos a fé que nos ajuda a acreditar, mesmo sem entender completamente, nas grandiosidades a respeito do nosso Deus.

Estamos certos de que Deus age em todas as coisas com o fim de beneficiar todos os que o amam, dos que foram chamados **conforme seu plano**.

Romanos 8:28

DEUS É ETERNO E IMUTÁVEL

A eternidade de Deus está relacionada com nossos propósitos pelo aspecto de que Ele, sendo eterno, tem um plano contínuo e abrangente que transcende o tempo e o espaço. Cada fase de nossas vidas está integrada neste projeto e Ele nos conduz ao cumprimento, não apenas em nossa vida terrena, mas também na eternidade.

A eternidade de Deus é a Sua existência sem fim e sem início; Ele é quem define a origem e o fim de tudo. Se Deus é Eterno e imutável, a vontade de Deus, além de ser absoluta, também não muda. Em muitas passagens Deus é citado como eterno ou a palavra 'eterno' completa o nome de Deus.

"Mas o Senhor Deus é a verdade; ele mesmo é o Deus vivo e o Rei eterno; ao seu furor treme a terra, e as nações não podem suportar a sua indignação."

Jeremias 10:10

"E plantou um bosque em Berseba, e invocou lá o nome do Senhor, Deus eterno."

Gênesis 21:33

Na Bíblia, também encontramos várias expressões que se referem à eternidade de Deus, como 'de século em século', 'séculos dos séculos', 'perpetuamente', 'para sempre', 'de eternidade em eternidade', 'Rei dos séculos', entre outras.

"Ora, ao Rei dos séculos, imortal, invisível, ao único Deus sábio, seja honra e glória para todo o sempre. Amém."

I Timóteo 1:17

"Eu te exaltarei, ó Deus, rei meu, e bendirei o teu nome pelos séculos dos séculos e para sempre."

Salmos 145:1

A eternidade também pode ser observada na pessoa do **Filho (Cristo):**

PROSPERIDADE E PROPÓSITO - O MELHOR DA TERRA!

"Jesus Cristo é o mesmo, ontem, e hoje, e eternamente."

Hebreus 13:8

"Eu sou o Alfa e o Ômega, o princípio e o fim, o primeiro e o derradeiro."

Apocalipse 22:13

Deus não desfaz acordos, não muda sentenças, Seu estado de humor, não afeta Sua justiça, glória ou bondade, Sua fidelidade e compromisso conosco não oscila. Sempre poderemos confiar no Rei Eterno e não precisamos ter nenhuma preocupação em relação ao caráter do nosso Criador.

CONHECER O PROPÓSITO

Quando uma pessoa precisa fazer uma viagem, é importante considerar algumas informações essenciais: de onde ela partirá, para onde irá, quando será a partida e qual tipo de transporte usará. No entanto, a duração da viagem ou o momento exato da chegada ao destino podem ser predefinidos ou sofrer variações por imprevistos ou outros fatores.

Mesmo que a pessoa não faça um planejamento prévio, ela precisará lidar com esses detalhes em algum momento durante a viagem.

Agora, comparando nossas vidas com uma viagem, vejamos estas passagens da **Palavra** nos tem a dizer:

A nossa cidadania, porém, está nos céus, de onde esperamos ansiosamente o Salvador, o Senhor Jesus Cristo, que, pelo poder que o capacita a sujeitar todas as coisas a si, transformará o nosso corpo humilhado, tornando-o semelhante ao seu corpo glorioso.

Filipenses 3:20-21

Diante da tua presença somos estrangeiros e forasteiros, como nossos antepassados. Os nossos dias na terra são como uma sombra, sem esperança alguma.

1 Crônicas 29:15

Se fôsseis do mundo, ele vos amaria como se pertencêsseis a ele. Entretanto, não sois propriedade do mundo; mas Eu vos escolhi e vos libertei do mundo; por essa razão, o mundo vos odeia.

João 15:19

Da mesma maneira, teremos que lidar com alguns aspectos de nossa jornada de vida, observando de onde saímos, comparando e considerando para onde iremos e como devemos nos conduzir, ou seja, de que forma procederemos para chegar onde é necessário. Saber o propósito tem a ver com saber para onde ir, ou pelo menos nos dá uma direção momentânea, para continuar no caminho que Deus quer que sigamos, conforme Ele vai nos revelando.

Na Bíblia, vemos como Deus usou um conquistador pagão chamado **Ciro**. Quando ele descobriu o que as Escrituras diziam sobre ele, e que Deus o chamou pelo seu nome **cerca de 150 a 200 anos antes de nascer,** passou a entender seu propósito e realizou tudo o que as profecias diziam que ele faria para beneficiar e libertar o povo de Israel.

Porém, no primeiro ano de Ciro, rei da Pérsia (para que se cumprisse a palavra do Senhor pela boca de Jeremias), despertou o Senhor o espírito de Ciro, rei da Pérsia, o qual fez passar pregão por todo o seu reino, como também por escrito, dizendo:

Assim diz Ciro, rei da Pérsia: O Senhor Deus dos céus me deu todos os reinos da terra, e me encarregou de lhe edificar uma casa em Jerusalém, que está em Judá. Quem há entre vós, de todo o seu povo, o Senhor seu Deus seja com ele, e suba.

II Crônicas 36:22-23

No primeiro ano de Ciro, rei da Pérsia (para que se cumprisse a palavra do SENHOR, pela boca de Jeremias), despertou o SENHOR o espírito de Ciro, rei da Pérsia, o qual fez passar pregão por todo o seu reino, como também por escrito, dizendo:
Assim diz Ciro, rei da Pérsia: O Senhor Deus dos céus me deu todos os reinos da terra, e me encarregou de lhe edificar uma casa em Jerusalém, que está em Judá.
Quem há entre vós, de todo o seu povo, seja seu Deus com ele, e suba a Jerusalém, que está em Judá, e edifique a casa do Senhor Deus de Israel (ele é o Deus) que está em Jerusalém.

E todo aquele que ficar atrás em algum lugar em que andar peregrinando, os homens do seu lugar o ajudarão com prata, com ouro, com bens, e com gados, além das dádivas voluntárias para a casa de Deus, que está em Jerusalém.

Esdras 1:1-4

Jeremias havia profetizado a libertação de Israel e o tempo do cumprimento da profecia:

Acontecerá, porém, que, quando se cumprirem os setenta anos, visitarei o rei de babilônia, e esta nação, diz o SENHOR, castigando a sua iniqüidade, e a da terra dos caldeus; farei deles ruínas perpétuas.

E trarei sobre aquela terra todas as minhas palavras, que disse contra ela, a saber, tudo quanto está escrito neste livro, que profetizou Jeremias contra todas estas nações.

Jeremias 25:12-13

O Texto das Escrituras que Ciro teve acesso foi um trecho bem específico para ele mesmo do livro de **Isaías**:

Assim diz o Senhor ao seu ungido, a Ciro, a quem tomo pela mão direita, para abater as nações diante de sua face, e descingir os lombos dos reis, para abrir diante dele as portas, e as portas não se fecharão.

Eu irei adiante de ti, e endireitarei os caminhos tortuosos; quebrarei as portas de bronze, e despedaçarei os ferrolhos de ferro.

Dar-te-ei os tesouros escondidos, e as riquezas encobertas, para que saibas que eu sou o Senhor, o Deus de Israel, que te chama pelo teu nome.

Por amor de meu servo Jacó, e de Israel, meu eleito, eu te chamei pelo teu nome, pus o teu sobrenome, ainda que não me conhecesses.

Eu sou o Senhor, e não há outro; fora de mim não há Deus; eu te cingirei, ainda que tu não me conheças;

Isaías 45:1-5

Eu o despertei em justiça, e todos os seus caminhos endireitarei; ele edificará a minha cidade, e soltará os meus cativos, não por preço nem por presente, diz o Senhor dos Exércitos.

Isaías 45:13

Ciro, mesmo sendo um rei pagão, foi usado por Deus. Não só descobriu seu propósito nas Escrituras, mas também creu nelas, pois continham seu nome e detalhes de suas conquistas. Ele entendeu que foi o Deus de Israel que o permitiu triunfar em todas as suas batalhas e, em honra e gratidão a Deus, cumpriu as profecias a seu respeito e a respeito do povo de Israel.

DESCUBRA SUA IDENTIDADE REAL

Ter uma definição clara de quem nós somos, é algo fundamental para poder e agir e escolher como agir no nosso cotidiano e planejamento de nossas ações futuras.

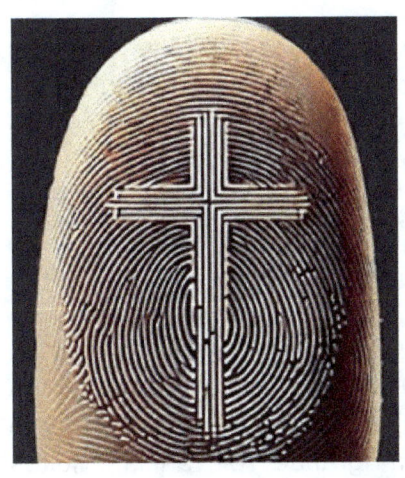

Cada um de nós tem uma identidade que as trevas tentam apagar da nossa consciência a todo custo, pois essa informação nos dá poderes contra o mal e uma mentalidade de sucesso que amplia nossa percepção. Também amplia a visão de nossos sonhos e projetos em relação ao nosso propósito principal.

Por exemplo, se uma pessoa sabe que é padeiro, ela sabe que seu trabalho é fazer pães. Da mesma forma, se uma pessoa sabe que é enfermeira, também sabe que seu trabalho é cuidar de pacientes. Saber sua profissão te dá clareza sobre o tipo de trabalho que você deve fazer, mas saber sua identidade vai muito além disso. A identidade nos dá clareza sobre nossas ações no trabalho, nos estudos, no convívio social, nos relacionamentos e na vida particular.

Quando alguém descobre que é um príncipe ou uma princesa e que é também herdeiro ou herdeira de um reino maravilhoso, isso pode mudar tudo na vida dessa pessoa e alterar suas ações e sua postura radicalmente. **Este é o seu caso; e eu não estou exagerando.** Cristo conquistou essa realidade para todas as pessoas que aceitarem e confessarem essa fé, que ele é o seu único e suficiente salvador.

> Se somos filhos, então somos herdeiros; herdeiros de Deus e co-herdeiros com Cristo, se de fato participamos dos seus sofrimentos para que também participemos da sua glória.
>
> **Romanos 8:17**

Cada indivíduo no planeta tem traços que hoje podemos usar como assinatura biométrica, diferenciando-nos uns dos outros. Dentre esses traços, podemos citar a impressão digital, o padrão de íris e retina ocular, e até a formação e o padrão dos dentes e arcada dentária. Além disso, temos nossos próprios pensamentos, convicções e uma história de vida da qual tiramos nossas lições e aprendizados.

Tudo isso faz parte de uma identidade dada por Deus, que nos define, junto com um propósito especial, como partes importantes da criação. Seu papel, ou seja, sua participação na história da humanidade tem grande relevância. Muitos eventos, pessoas e coisas dependem direta e indiretamente de suas decisões; essa regra vale para todos nós.

Precisamos descobrir quem somos e o que pode nos definir diante de Deus, e podemos fazer isso procurando dentro do nosso manual da vida: a própria Palavra de Deus, assim como o grande conquistador **Ciro**, que encontrou nas **Escrituras** a melhor parte da sua própria identidade e história de vida.

Bendito seja o Deus e Pai de nosso Senhor Jesus Cristo, que nos abençoou com todas as bênçãos espirituais nos lugares celestiais em Cristo:

Assim como ele **nos escolheu nele** antes da fundação do mundo, para que fôssemos **santos** e irrepreensíveis diante dele em amor:

E nos predestinou para **filhos** de adoção por **Jesus Cristo**, para si mesmo, segundo o beneplácito (aprovação) de sua vontade, para louvor da glória da sua graça, pela qual nos fez agradáveis a si no Amado.

Efésios 1:3-6

Segundo os versículos de Efésios, somos abençoados, escolhidos, aprovados e agradáveis a Deus pelo sacrifício de Jesus.

Tendo-nos revelado o mistério da sua vontade, segundo o seu beneplácito que propôs em si mesmo:

Para que, na dispensação da plenitude dos tempos, ele pudesse reunir em **Cristo** todas as coisas, tanto as que estão nos céus como as que estão na terra; inclusive nele.

Efésios 1:9-10

A salvação que Cristo nos proporcionou ao morrer em nosso lugar na cruz, naquele dia memorável, revelou o mistério da vontade de Deus em nos redimir e nos resgatar para Si. Note como está tudo interligado na criação e universo! Com amor, o Criador escreveu nossas histórias e, por meio de Cristo, nos conectou a Ele, juntamente com todos e tudo que existe, nos dando tudo que precisamos, além de uma herança maravilhosa.

Em quem também obtivemos herança, sendo predestinados segundo o propósito daquele que faz todas as coisas segundo o conselho da sua vontade:

Para que sejamos, para louvor da sua glória, aquele que primeiro confiou em Cristo.

Em quem também vós confiastes, depois de ouvirdes a palavra da verdade, o evangelho da vossa salvação; em quem também depois de crerdes, fostes selados com o Espírito Santo da promessa,

Que é o penhor da nossa herança até o resgate da propriedade adquirida, para louvor da sua glória.

Efésios 1:11-14

É Deus quem colocou em cada um de nós nossos sonhos, como vemos em **Filipenses 2:13**, nossos projetos, nossa vontade de ser bem-sucedidos na vida, nossa disposição para ajudar pessoas, e a capacidade de cumprir e realizar nossos desejos. Cabe a nós, porém, usar nosso livre arbítrio em concordância com as Escrituras Sagradas e a vontade de Deus, e colocar em ação a busca pelo caminho que devemos seguir.

REALIZAÇÃO E FELICIDADE

Por causa do propósito individual, muitas pessoas se diferenciam entre si, e de forma variada, em termos de realizações e felicidade.

O apóstolo Paulo (Saulo), por exemplo, teve uma vida extremamente complicada, marcada por perseguições, conflitos internos e entre pessoas, privações, escassez, punições, prisões e muitas outras dificuldades que a maioria das pessoas, inclusive eu, não suportaria. Porém, ele mesmo relata que se alegrava em tudo isso, pois sabia qual era o seu chamado. Mesmo em situações difíceis e complicadas, existe a possibilidade de encontrar alegria ou felicidade através da ação de servir as pessoas e de uma grande causa, como espalhar o evangelho de Cristo, conforme Paulo fazia.

Combati o bom combate, terminei a corrida, guardei a fé.

Agora me está reservada a coroa da justiça, que o Senhor, justo Juiz, me dará naquele dia; e não somente a mim, mas também a todos os que amam a sua vinda.

2 Timóteo 4:7-8

Abraão não recebeu de Deus todo o plano para si, nem um passo a passo ou sequer uma previsão detalhada de cada fase de sua vida. Tudo o que ele tinha era uma promessa grandiosa e uma direção momentânea. Ele tinha uma ordem a cumprir e cumpriu.

Ora, o Senhor disse a Abrão: Sai da tua terra, da tua parentela e da casa de teu pai, para uma terra que eu te mostrarei.

E farei de ti uma grande nação, e te abençoarei, e engrandecerei o teu nome; e você será uma bênção.

E abençoarei os que te abençoarem, e amaldiçoarei os que te amaldiçoarem; e em ti serão benditas todas as famílias da terra.

Gênesis 12:1-3

Foi o que bastou para Abrão, que teve seu nome trocado por Deus para Abraão, dar os primeiros passos em direção ao seu propósito especial. Em resumo, Abraão também foi temido, foi odiado, foi perseguido, foi invejado, pecou, se precipitou, mas também foi testado e aprovado por Deus.

Primeiro, ele teve que sair do meio dos seus parentes para depois saber o que era ou onde ficava a tal 'terra que eu te mostrarei', dita por Deus. Em meio a isso tudo, a Bíblia conta que ele prosperava e que Deus estava sempre com ele, cumprindo cada promessa que lhe fez.

Se Abraão soubesse que se passariam tantos anos para ser cumprida a promessa em sua vida, além de precisar passar tantas gerações, é possível que ele não aceitasse a ordem que Deus deu para ele, do ponto de vista cronológico e humano. Porém, do ponto de vista de Deus, sabendo que Sua criação inclui o passado, o presente e o futuro, entendemos que, mesmo antes de prometer as bênçãos para Abraão, Deus já o tinha abençoado. Deus, conhecendo o pensamento humano e, principalmente, os pensamentos de Abraão, só disse a ele o que ele precisava saber naquele momento, diferentemente do que fez com **Ciro**. É aquele mesmo cuidado que temos que ter sabendo e aceitando a **predestinação** juntamente com o **livre arbítrio**, tem coisas que não precisamos ou nem devemos saber antes da hora, mas tem coisas que se as soubermos de antemão nos guiarão a uma conclusão bem sucedida.

COMO DESCOBRIR O PROPÓSITO?

Algumas pessoas têm o privilégio de receber a revelação divina de seus chamados específicos, como **Ciro**. Mas muitos de nós enfrentamos dificuldades para descobrir ou encontrar nosso propósito, assim como **Abraão**, que teve que descobrir seu propósito e seus próximos passos pouco a pouco. Além disso, o pecado e as decisões erradas podem nos afastar do objetivo e do cumprimento do propósito, como no caso de Abraão, que cometeu erros, desviou do caminho, sentiu medo e teve outro filho, Ismael, que não era o filho da promessa de Deus.

Para algumas pessoas a descoberta do propósito faz parte da própria jornada, para outras pessoas pode ser um tanto mais simples ou revelada de forma mais direta.

Todos nós temos um propósito mais genérico, um propósito coletivo, que é o de impactar positivamente a vida das pessoas, pregar o evangelho e servir ao próximo. Isso é universal e continua valendo para todos.

Começar pelo propósito genérico é uma ótima forma de descobrir nosso propósito específico, exclusivo e especial.

Mover-se em direção ao propósito é dar passos de obediência e buscar identidade e propósito através da intimidade com Deus. Podemos não saber o propósito específico, mas sabemos nosso propósito genérico como igreja de Cristo; isso é um excelente ponto de partida para cada pessoa descobrir seu propósito único e especial.

Somos uma extensão de Cristo e estamos conectados a Ele para continuar o trabalho de resgate que Ele começou. Eu e você temos o papel de anunciar a obra da salvação que já está feita, mas que ainda precisa ser muito divulgada. Essa é a forma de obter a alegria que Cristo quer nos dar enquanto servimos a humanidade.

Eu sou a videira verdadeira e meu Pai é o lavrador.
Todo ramo em mim que não dá fruto, ele o corta; e todo ramo que dá fruto, ele o limpa, para que dê mais fruto.
Agora já estais limpos pela palavra que vos tenho falado.
Permaneça em mim e eu em você. Assim como o ramo não pode dar fruto por si mesmo, se não permanecer na videira; vocês não poderão mais, se não permanecerem em mim.
Eu sou a videira, vós os ramos: quem permanece em mim, e eu nele, esse dá muito fruto; porque sem mim nada podeis fazer.
Se alguém não permanecer em mim, será lançado fora, como um ramo, e secará; e os homens os colhem e os lançam no fogo, e são queimados.

Se permanecerdes em mim, e as minhas palavras permanecerem em vós, pedireis o que quiserdes, e vos será feito.

Nisto é glorificado meu Pai: que deis muito fruto; assim sereis meus discípulos.

Assim como o Pai me amou, eu também vos amei: continuai no meu amor.

Se guardardes os meus mandamentos, permanecereis no meu amor; assim como tenho guardado os mandamentos de meu Pai e permaneço em seu amor.

Estas coisas vos tenho dito, para que a minha alegria permaneça em vós, e para que a vossa alegria seja completa.

João 15:1-11

Pedir em oração por orientação, direção ou até mesmo a grande revelação de Deus é uma forma de buscar a descoberta do chamado e do propósito. No entanto, não podemos ficar apenas pedindo e esperando sem agir pelo reino de Deus e pelas pessoas que precisam de ajuda e do conhecimento libertador da salvação.

Ler e meditar na Palavra, também é uma boa prática para essa finalidade. Na Bíblia encontramos muitas lições, canções, histórias e exemplos de pessoas como Abraão, Jonas, Noé, Moisés, José, Davi, Cristo e muitos outros. São histórias que nos inspiram, comovem e ensinam sobre como viver e, até mesmo, o que não se deve fazer.

Poderia recomendar métodos, como o método oriental chamado **Ikigai** para a descoberta de propósito de vida, entre outros tantos métodos semelhantes. Mas não existe um método perfeito e prefiro manter o foco nas escrituras. Muitos métodos já foram testados, aprovados e funcionam muito bem para muitas pessoas, trazendo excelentes resultados, mas não precisamos complicar. As instruções da Bíblia são mais simples e podem ser combinadas com algumas dessas metodologias juntamente com a fé. Porém, como em qualquer método, colocar o plano em prática é o verdadeiro desafio.

O Criador pode ter escolhido para muitos de nós, adotar um desses métodos, um mentor, um instrutor, um pastor, um profeta, um grupo de pessoas ou simplesmente a Bíblia para nos conduzir ao propósito. Precisamos nos colocar em movimento, agir e praticar os ensinamentos que já temos na Bíblia para abençoar e ensinar o evangelho da salvação de Cristo para outras vidas.

CAPÍTULO 03
A BUSCA POR SABEDORIA

O QUE É SABEDORIA?

Outro poder enorme e descomunal para o cumprimento de propósitos é a sabedoria. Para que uma pessoa faça o bem, conquiste e mantenha qualquer padrão de riqueza, são necessários esforço e aprendizado, e é nessas áreas que a sabedoria se encaixa perfeitamente.

A sabedoria é a árvore que dá vida a quem a abraça; quem a ela se apega será abençoado.

Por sua sabedoria o Senhor lançou os alicerces da terra, por seu entendimento fixou no lugar os céus; por seu conhecimento as fontes profundas se rompem, e as nuvens gotejam o orvalho.

Provérbios 3:18-20

É possível que todos tenham uma ideia geral do que seja sabedoria, mas são poucos que realmente sabem o que significa. Para abordar este assunto, precisei fazer um pouco de pesquisa e reunir meu entendimento prévio sobre o tema. Encontrei várias explicações de diferentes autores e, para descomplicar, reuni os conceitos, eliminando ou detalhando as partes mais complicadas.

Antes de entrar nos detalhes sobre sabedoria, quero mencionar um personagem real da história da humanidade que muitos já conhecem e que é uma referência no assunto: o rei Salomão. Salomão tem uma fama e uma história de uso de sua grande sabedoria. Com a ajuda de Deus, ele se tornou conhecido através dos tempos. Salomão é retratado não apenas na Bíblia, mas também em várias outras fontes, até mesmo nas histórias de heróis de ficção dos nossos dias atuais. Ele usou e recomendou a todos a busca pela sabedoria, como veremos adiante.

A história do rei Salomão julgando quem é a mãe de um bebê é muito famosa na Bíblia. Ela é contada em **1º Reis, Capítulo 3**, e é também, frequentemente usada como uma ilustração da sabedoria de Salomão.

> E era a sabedoria de Salomão maior do que a sabedoria de todos os do oriente e do que toda a sabedoria dos egípcios.
>
> I Reis 4:30

Uma das minhas formas prediletas de explicar a sabedoria é simplificá-la em um texto curto assim:

Sabedoria é o uso do **conhecimento** com **inteligência**.

Muitos podem se perguntar:
Sabedoria, conhecimento e inteligência não é a mesma coisa? A resposta é **não**, existem diferenças entre essas três coisas.

Podemos até encontrar essas palavras como sinônimos em alguns dicionários, mas vou explicar em detalhes por que elas não são exatamente iguais.

- **Conhecimento** são as informações obtidas e nossas experiências.

- **Inteligência** é a soma de todas as nossas faculdades mentais.
- **Sabedoria** é o uso conjunto do conhecimento com a inteligência.

Detalhando um pouco mais cada uma das partes temos:

	Conhecimento:
Informações	Tudo que os nossos sentidos podem captar do ambiente
Aprendizagem	Todas as lições recebidas de livros, cursos e treinamentos.
Experiências	Todos os fatos e situações vividas.

	Inteligência / Faculdades Mentais:
Memória	Capacidade de armazenar e acessar as informações
Razão	Raciocínio, lógica, cálculo, semântica, cognição, etc.
Percepção	Captar sinais por meio dos sentidos e estado de alerta.
Força de Vontade	Poder de decisão, volição (vontade guiada)
Intuição	Processamento de informações ao nível abaixo da consciência, com potência e velocidades acima da razão.
Imaginação	Capacidade de reproduzir ou criar realidades pelo pensamento.

Esta é a equação da sabedoria:

SABEDORIA = INTELIGÊNCIA X CONHECIMENTO

Perceba que, desta vez, representei a sabedoria como uma equação matemática ou uma fórmula, onde sabedoria é o produto da multiplicação dos fatores inteligência e conhecimento. Também podemos comparar uma pessoa sábia a uma fábrica ou uma indústria capaz de produzir bens de utilidades diversas. A produção dessa fábrica é como o resultado do uso da sabedoria.

Comparar um sábio com uma fábrica encaixa perfeitamente na aplicação da fórmula **Sabedoria = Inteligência x Conhecimento**, pois, matematicamente falando, sabedoria é o produto, ou seja, o resultado da multiplicação, assim como o que a fábrica produz. A inteligência e o conhecimento são os recursos e métodos produtivos da fábrica, ou, matematicamente, os dois fatores da fórmula.

A mão de obra dos trabalhadores, a estrutura, maquinários, instalações e as ferramentas são comparadas com a inteligência, é o potencial ou poder produtivo.

O conhecimento são as informações de base, princípios, fundamentos e a bagagem informativa o qual eu comparo com a matéria prima e os materiais de consumo para produzir o resultado desejado.

A sabedoria, que seria a aplicação conjunta dos outros dois fatores, como a fábrica toda em atividade, leva ao resultado desejado em termos de quantidade, qualidade, como a produção final, produtos acabados ou mercadorias.

Imagine algo que possa ser útil para as pessoas como um produto final que a fábrica irá entregar. Da mesma maneira, a sabedoria será útil tanto para quem a possuir quanto para todos à sua volta, seja em forma de ações, conselhos, ensinamentos ou resultados.

A fábrica (o sábio) só consegue gerar sua produção (a sabedoria) fazendo uso de todo poder produtivo (inteligência) que possui, sobre a quantidade e qualidade de matéria-prima (conhecimento) disponível para a produção. A sabedoria pode orientar e organizar também os produtos semiacabados, a forma de entrega (ações ou comunicação) e até o armazenamento (arquivos e memórias) dessa produção.

Até aqui, ainda não usei a ilustração de um cérebro para representar a inteligência ou as faculdades mentais por um motivo interessante: estudos recentes apontam que exercemos faculdades mentais não apenas no cérebro, mas também no coração e no aparelho digestivo. Por exemplo, um estudo da *University College Cork* sugere que o intestino pode influenciar a saúde mental e é frequentemente referido como **'segundo cérebro'** (Cryan & Dinan, 2012). Alguns neurocientistas afirmam que sensações como arrepios ou frio na barriga podem estar relacionadas com alguma faculdade mental e podem ser percebidas desses ou de outros órgãos do corpo humano que possuem neurônios (células específicas do sistema nervoso que processam ou transmitem sinais ou informações através do corpo).

> **Referência**: Cryan, J. F., & Dinan, T. G. (2012). *Mind-altering microorganisms: The impact of the gut microbiota on brain and behaviour*. **Nature Reviews Neuroscience, 13**(10), 701-712. doi:10.1038/nrn3346.

Ao entendermos essas conexões, ampliamos nossa visão sobre como a sabedoria opera em nós, não apenas de maneira cognitiva, mas também emocional e até física. Isso me faz pensar em como a sabedoria divina, muitas vezes representada na Bíblia, está intrinsecamente ligada ao nosso ser completo (mente, corpo e espírito).

A MENTE HUMANA

Um dos modelos mais utilizados para explicar a mente humana é o modelo de **Gerald Klein**, que divide a mente em três partes principais: Inconsciente, Consciente e Subconsciente. Pessoalmente, gosto de imaginar a mente como um **iceberg**, uma metáfora semelhante à metáfora de camadas de cebola popularizada por **Sigmund Freud**, onde a ponta visível representa o Consciente, enquanto o vasto corpo submerso do iceberg simboliza o Inconsciente e o Subconsciente. Essa analogia nos ajuda a entender como grande parte de nosso funcionamento mental ocorre abaixo da superfície da nossa consciência.

> **Referências**: **Klein, Gerald.** *"Modelo da Mente: Como a mente humana funciona."* OMNI Hypnosis Training Center.
>
> **Freud, Sigmund.** *"The Ego and the Id."* In J. Strachey et al. (Trans.), *The Standard Edition of the Complete Psychological Works of Sigmund Freud*, Volume XIX. London: Hogarth Press, 1923.

Este conhecimento científico sobre a capacidade mental humana é compatível com muitas referências bíblicas e conceitos que este livro propõe esclarecer, além de reforçar a ideia de que o ser humano é o destaque mais notável de toda a criação.

Mente Inconsciente. O inconsciente é a parte da mente que controla as funções vitais (batimentos cardíacos, contração e relaxamento muscular involuntário, etc.). Não é acessível conscientemente, ou seja, somos incapazes de controlá-lo voluntariamente. Ela está representada como a parte mais profunda do iceberg, indicando que o acesso a essa parte é o mais difícil. Além disso, o inconsciente abriga memórias, desejos e traumas que não estão acessíveis à nossa consciência cotidiana, mas influenciam nossos comportamentos e emoções de forma significativa.

Mente Consciente ou Consciência. Essa é a parte que podemos gerenciar e é responsável pelos pensamentos quando estamos acordados. É nela que fazemos uma filtragem de tudo que percebemos, decidindo o que queremos ou não assimilar, dar importância e lembrar posteriormente. Está representada como a parte do iceberg que fica acima do nível da água, pois é a parte mais acessível da nossa mente. O consciente é a parte da mente responsável por nossos pensamentos e ações conscientes, a realidade que percebemos e na qual tomamos decisões de maneira deliberada.

Mente Subconsciente. O subconsciente é uma parte muito poderosa da mente, funcionando como uma camada intermediária. Serve como uma ponte entre as duas outras partes, armazenando informações que podemos acessar com algum esforço ou estímulo, influenciando nossas atitudes e reações automáticas. Ela trabalha de uma forma diferente da mente consciente e tem acesso à mente inconsciente. Nela ficam nossas crenças, hábitos, memória de longa duração, inteligência emocional (seja ela positiva ou não), o registro de nossas emoções e nossa programação de autopreservação, que opera juntamente com nossas crenças e valores mais profundos.

Sobre a faculdade mental da **intuição**, que muitas pessoas tendem a acreditar se tratar de algo sobrenatural ou mágico, ela é gerada no nível **subconsciente**. O subconsciente consegue processar informações de forma tão rápida e praticamente instantânea que parece mágica, mesmo quando as informações são complexas ao nível consciente. Ele utiliza uma linguagem diferente, usando atalhos, formas, cores, gatilhos emocionais e valores pessoais para simplificar as informações, além de conseguir fazer múltiplas conexões simultâneas de memória.

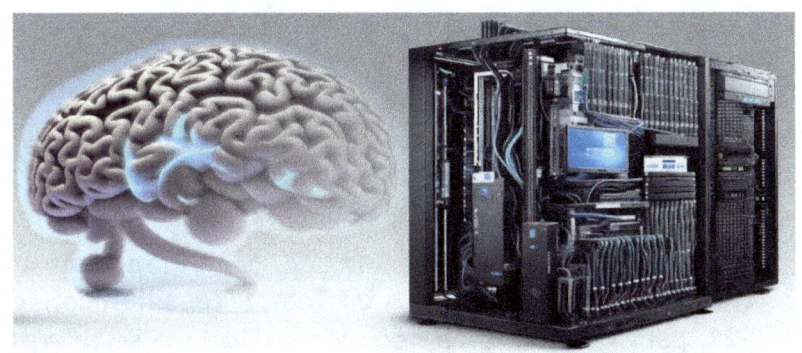

A velocidade de processamento da mente subconsciente é estimada em 200 trilhões de informações por segundo ou até mais do que isso, segundo o neurocientista **Dr. Bruce Lipton** (Lipton, 2005), sendo muito mais veloz do que um potente computador moderno.

> **Referência:** Lipton, B. H. (2005). *The Biology of Belief: Unleashing the Power of Consciousness*, **Matter & Miracles**. Hay House Inc.

Tudo que passa pela nossa mente consciente passa por uma filtragem (sua programação, valores e crenças) antes de ir para o subconsciente. Se validado, principalmente **se for repetido muitas vezes** ou ocorrerem registros de forma traumática ou ligados a fortes emoções, será registrado mais facilmente no subconsciente em forma de memórias ou programação (crenças e valores). Por esta razão, vemos na Bíblia:

"Não tratem com desprezo as profecias, mas **ponham à prova todas as coisas** e **fiquem** com **o que é bom**."

1 Tessalonicenses 5:20,21

"Finalmente, irmãos, tudo o que for verdadeiro, tudo o que for nobre, tudo o que for correto, tudo o que for puro, tudo o que for amável, tudo o que for de boa fama, se houver algo de excelente ou digno de louvor, **pensem nessas coisas**."

Filipenses 4:8

Quando o apóstolo Paulo diz, em **1 Tessalonicenses 5:20-21**, para **pôr todas as coisas à prova**, ele se refere a usar o bom senso e os ensinamentos do evangelho para filtrar e analisar as situações, os eventos, os fatos e guardar no coração (e também no subconsciente) apenas o que agrada a **Deus** e o que o evangelho de **Cristo** ensina. Em **Filipenses 4:8**, ele orienta a apenas pensar em **coisas boas de forma constante** para que sejam gravadas na nossa alma (e também no subconsciente). Isso tudo está fortemente ligado à **obediência**, conforme será visto mais adiante.

Precisamos também ficar atentos às coisas que este mundo, principalmente o que vem sendo imposto e divulgado pelos perversos, nos apresenta no dia a dia. Tratam-se, na maioria das vezes, de sistemas, líderes e influenciadores corrompidos, e tudo que nos é apresentado tende ou é totalmente tendencioso de forma proposital para o mal.

E não vos conformeis com este mundo, mas transformai-vos pela renovação do vosso entendimento, para que experimenteis qual seja a boa, agradável e perfeita vontade de Deus.

Romanos 12:2

Os conceitos apresentados sobre a mente humana vão ajudar a entender, praticar, obter e aumentar nossa **fé** de forma consistente. A **fé** também é um assunto que trataremos neste livro com mais detalhes.

A SABEDORIA NA BÍBLIA

A Bíblia está cheia de referências sobre a sabedoria, e aqui estão apenas algumas delas por enquanto:

Porque a sabedoria serve de defesa, como de defesa serve o dinheiro; mas a excelência do conhecimento é que a sabedoria dá vida ao seu possuidor.

Eclesiastes 7:12

Zofar, um dos amigos de Jó, ao acusá-lo disse que a sabedoria de Deus é multi-eficaz:

"E te fizesse saber os **segredos da sabedoria**, que é **multíplice em eficácia**; sabe, pois, que Deus exige de ti menos do que merece a tua iniquidade."

Jó 11:6

No decorrer deste livro iremos ver muitos outros assuntos, mas dificilmente esses outros assuntos estarão desconectados do tema da sabedoria, além disso, existem tantas referências de sabedoria na Bíblia que evitei colocá-las todas neste livro. Essas referências falam de pessoas, situações, exemplos de uso, exemplos de falta de uso ou de mau uso, parábolas, canções, pensamentos, conversas, ordens de Deus, profecias e muito mais.

Existem partes bem específicas da Bíblia que abordam também o tema da sabedoria de forma mais direta como é o caso dos livros de Salmos, Provérbios, Eclesiastes e Jó. Mas é possível encontrar esse tema em todos os livros da Bíblia, basta prestar um pouco mais de atenção.

COMO ADQUIRIR SABEDORIA?

1. ATRAVÉS DA OBEDIÊNCIA A DEUS

Existe uma forte relação entre obediência, amor e autoridade. A autoridade funciona muito melhor quando está diretamente atrelada ao amor; ou seja, quem exerce maior autoridade também deve prover amor com mais intensidade. Um bom exemplo disso é a relação entre pais e filhos, que fica mais saudável quando essa regra é aplicada. O mesmo se aplica à relação entre marido e esposa; ambos os casos podem ser vistos como figuras representativas de Deus ou Cristo (o pai ou o marido) e a nós como igreja (o filho ou a noiva).

Outro exemplo é uma tropa de soldados que respeitam mais seu capitão ou comandante imediato quando esse líder demonstra cuidado e zelo por seus liderados. Quando obedecemos a Deus, estamos automaticamente declarando a Ele que reconhecemos e aceitamos Seu amor. Ao mesmo tempo, nos colocamos à disposição de Seus ensinamentos e ordenanças para cumprir Sua vontade. Isso desencadeia uma série de mudanças em nossa vida, permitindo que desfrutemos do benefício de adquirir e acumular sabedoria.

"O **temor do Senhor** é o **princípio da sabedoria**, e o conhecimento do Santo é entendimento."

Provérbios 9:10 (NVI)

"O temor do Senhor ensina a sabedoria, e a humildade antecede a honra."

Provérbios 15:33 (NVI)

"Quem teme o Senhor está aprendendo a ser sábio; quem é humilde é respeitado."

Provérbios 15:33 (NTLH)

Do dicionário Michaelis, temos as seguintes definições de Temor:

1. *Ato ou efeito de temer(-se); medo: "Eulália limitou-se a concordar, embora objetasse que não era preciso o incômodo que o chefe insistia em tomar. Tinha medo, mas disfarçava o temor que lhe causava o companheiro [...]" (JP).*
2. *Sensação de ameaça; susto.*
3. *Sentimento de profundo respeito ou de reverência: "O amor do mundo a enlouqueceu, o pecado a cegou, ela ficou tal como um animal do campo que não conhece pudor, nem temor de Deus, e só escuta os conselhos diabólicos do instinto" (RQ).*
4. *Alguém ou algo que provoca medo.*
5. *Rigor no cumprimento de algo; pontualidade.*

Referência: Dicionário Michaelis. Ano (2015). *Michaelis Dicionário Brasileiro da Língua Portuguesa*. Edição (Versão 2.0 web). Editora: Melhoramentos Ltda.

A definição número **três** é a que melhor se encaixa para explicar o temor mencionado nos versículos acima, principalmente sob o ponto de vista da proporção entre autoridade e amor. Inclusive, podemos incluir todas as demais definições citadas no dicionário nessa definição de sentimento de profundo respeito ou de reverência.

Para entender melhor o que é o temor do Senhor, imagine-se como um filho obediente a um pai amoroso (nós e Deus). O amor do pai torna a obediência muito mais fácil, pois, ao receber amor, o filho dificilmente vai tentar irritar ou magoar seu pai. Ele vai obedecer não só pelo medo do castigo, mas também por consideração. Ele vai obedecer por entender a hierarquia e a autoridade que seu pai exerce sobre ele, sentindo-se mais seguro e amado, e tendo um relacionamento saudável com seu pai. Isso é temor.

Veja como **Cristo** exerce autoridade e expressa o amor de Deus, sendo a personificação perfeita da união entre autoridade e amor, um exemplo profundo para todos nós:

"O qual está à destra de Deus, tendo subido ao céu, havendo-se-lhe sujeitado os anjos, e as autoridades, e as potências."

1 Pedro 3:22

"Porque Deus amou o mundo de tal maneira que deu o seu Filho unigênito, para que todo aquele que nele crê não pereça, mas tenha a vida eterna."

João 3:16

"E maravilharam-se da sua doutrina, porque os ensinava como tendo autoridade, e não como os escribas."

Marcos 1:22

"E veio espanto sobre todos, e falavam uns com os outros, dizendo: Que palavra é esta, que até aos espíritos imundos manda com autoridade e poder, e eles saem?"

Lucas 4:36

Não apenas adquirimos sabedoria pela nossa obediência, como também alcançamos todos os benefícios e direitos de um filho quando somos obedientes ao nosso Pai, demonstrando a Ele que aceitamos os cuidados que nos oferece e Seu amor que nos resgatou da condenação.

Outra vantagem de ser filho obediente é a liberdade que o Pai nos dá, pois, sendo o regente absoluto de todo o universo, uma pessoa estranha deveria usar de muita formalidade, extremo respeito e protocolos rígidos para ter acesso ou dirigir a palavra ao poderoso Rei. Nós, porém, como filhos, temos a ousadia que Ele mesmo nos deu (através de Cristo) para tratarmos com Ele ou falar em Seu nome.:

"No qual temos ousadia e acesso com confiança, pela nossa fé nele."

Efésios 3:12

"Tendo, pois, tal esperança, usamos de muita ousadia no falar."

2 Coríntios 3:12

A bíblia relata que, a partir da obediência, podemos adquirir sabedoria de várias outras maneiras diferentes.

2. UM TESOURO AO SEU DISPOR

A sabedoria é algo extremamente valioso e, apesar de sua raridade, ela é **acessível a todos**. Talvez a escolha dos seres humanos de não reconhecê-la como importante a **torne** rara, mas a Bíblia mostra que o desejo do **Criador** é que todas as pessoas busquem por ela.

A glória de Deus é ocultar certas coisas; tentar descobri-las é a glória dos reis

Provérbios 25:2

"A sabedoria construiu sua casa; ergueu suas **sete colunas**. Matou animais para a refeição, preparou seu vinho e arrumou sua mesa."

Provérbios 9:1,2

A **Sabedoria clama em alta voz** nas ruas, **ergue a voz** nas praças públicas; nas esquinas das ruas barulhentas ela clama, nas portas da cidade **faz o seu discurso**:

Até quando vocês, inexperientes, irão contentar-se com a sua inexperiência? Vocês, zombadores, até quando terão prazer na zombaria? E vocês, tolos, até quando desprezarão o conhecimento?

Se acatarem a minha repreensão, **eu darei a vocês um espírito de sabedoria** e revelarei a vocês os meus pensamentos.

Provérbios 1:20-23

3. ATRAVÉS DO ESTUDO

A sabedoria também está envolvida na arte da educação e do aprendizado através do estudo, assim como vimos que temos que 'aprender a fazer o bem'. Nossa tendência pecaminosa, adquirida pela herança da desobediência do primeiro casal no Éden, faz parecer que não precisamos de tanto esforço e organização para fazer o mal ou o que é errado, mas com toda a certeza nossa dedicação para o bem valerá muito a pena no final. Afinal, a sabedoria é a coisa principal, conforme **Provérbios 4:7**.

"A sabedoria é a coisa principal; adquire pois a sabedoria, emprega tudo o que possuis na aquisição de entendimento."

Provérbios 4:7

Até o **Mestre**, **Cristo**, teve de se dedicar. Mesmo sendo mestre, **Ele** também agiu como um **aluno esforçado** enquanto crescia para se tornar um adulto. Outro erudito da Bíblia era **Moisés**, que também demonstrou grande dedicação e aprendizado ao longo de sua vida. Moisés, inicialmente criado na corte egípcia, teve que aprender a liderar o povo de Israel, confiando na sabedoria e orientação de Deus.

"**Jesus** ia crescendo em sabedoria, estatura e graça diante de Deus e dos homens."

Lucas 2:52

"Moisés foi educado em toda a sabedoria dos egípcios e veio a ser poderoso em palavras e obras."

Atos 7:22

4. ATRAVÉS DO CLAMOR A DEUS

"Salomão ofereceu ao Senhor mil holocaustos sobre o altar de bronze, na Tenda do Encontro.
Naquela noite Deus apareceu a Salomão e lhe disse: "Peça-me o que quiser, e eu lhe darei". (...)

Dá-me sabedoria e conhecimento, para que eu possa liderar esta nação, pois, quem pode governar este teu grande povo?"

2 Crônicas 1:6,7,10

Aqui vemos um **segredo revelado** pela **Palavra**, que ensina como Salomão obteve a maior riqueza que pode existir para uma pessoa, logo **abaixo da salvação** de sua alma, que é a **sabedoria vinda de Deus**: ele ofereceu a **Deus mil holocaustos!**

Daí talvez alguém me pergunte: "Mas eu não tenho como fazer isso, não tenho os recursos e nem tenho uma tenda especial como essa que tinha na época de Salomão. Como fazer isso?". Eu também me fiz essa pergunta, pois eu queria, e ainda quero, alcançar uma sabedoria elevada, como a que Salomão obteve.

Até mesmo as religiões não cristãs e as seitas realizam sacrifícios. Apesar de haver motivações e finalidades diferentes (que não vou entrar nesse mérito), existe um padrão que é entregar algo, de algum valor, real ou significativo, para obter favor espiritual ou material.

Podemos ainda oferecer a Deus algo que seja valioso para nós e proveitoso ou agradável para Ele. Quero deixar bem claro que Deus não precisa de nenhum tipo de recurso, mas Ele aceitará a sua atitude de entrega desde que ela seja genuína, verdadeira e bem intencionada.

Sua entrega tem o poder de causar impacto na sociedade e nas pessoas que te cercam, principalmente a respeito do Reino de Deus. Então, essa é a hora de agir. O que você pode entregar a Deus pela sabedoria? Qual seria a sua entrega? Quais serão os seus mil holocaustos? Cristo fez essa entrega por você, basta aceita-lo.

A salvação é o nosso maior favor espiritual, e foi adquirida, não pelo nosso esforço ou merecimento, como já vimos no início deste livro. Cristo investiu a própria vida e o próprio sangue nesse sacrifício definitivo em nosso favor.

Deus honrou o pedido de Salomão porque viu em seu pedido uma atitude de entrega que lhe custou caro. Custou também muito esforço (imagine só preparar e executar mil holocaustos...) e ainda por cima fazia sentido naquela época. Deus também percebeu uma intenção honesta, justa e sincera, que era a de ser um bom governante para o povo que o próprio Deus tinha escolhido para adorá-lo.

Claramente, Deus notou que Salomão desejou e buscou muito por aquilo que estava pedindo. Ouso dizer que foi Deus quem colocou em Salomão esse desejo pela sabedoria, conforme vimos em **Filipenses 2:13**, pois Salomão, assim como eu e como você, teve um propósito estabelecido por Deus. Sabendo ou não disso, ele simplesmente o cumpriu.

"Dá, pois, ao teu servo um coração cheio de discernimento para governar o teu povo e capaz de distinguir entre o bem e o mal.

Pois, quem pode governar este teu grande povo? **O pedido que Salomão fez agradou ao Senhor**."

1 Reis 3:9,10

5. ATRAVÉS DO TRABALHO E DA BUSCA EM CRISTO:

"Esforço-me para que eles sejam fortalecidos em seus corações, estejam unidos em amor e alcancem toda a riqueza do pleno entendimento, a fim de conhecerem plenamente o mistério de Deus, a saber, **Cristo**.

Nele estão escondidos todos os tesouros da sabedoria e do conhecimento."

Colossenses 2:2,3

A recomendação, novamente, para assimilar todas essas referências a respeito de sabedoria que estão espalhadas pela Bíblia toda, em todos os seus livros, é a mesma que deixei no início: leia a Bíblia de forma integral.

CAPÍTULO 04
CONTRIBUIÇÕES

O UNIVERSO PERTENCE AO CRIADOR

Minha é a prata, e meu é o ouro, disse o Senhor dos Exércitos.

Ageu 2:8

Porque dele e por ele, e para ele, são todas as coisas; glória, pois, a ele eternamente. Amém.

Romanos 11:36

O termo **'Senhor dos Exércitos'** em **Ageu 2:8** faz referência aos numerosos exércitos de anjos que Deus criou para servi-lo e cuidar do universo. Não podemos comprar Deus; Ele já pagou, com o sangue de **Seu Filho**, nossas vidas e almas. Tudo que temos foi nos dado por Deus. O que podemos e devemos fazer é tão somente obedecer e nos sujeitar a Deus, para que as maravilhas **d'Ele** se cumpram em nossas vidas.

Não existe pessoa ou força que possa escapar da vontade absoluta **d'Ele**. Conforme citado em **Isaías 46:9-10**, além de mostrar sabedoria e controle sobre o tempo, o propósito de Deus ficará de pé, como também é citado em **Jó 42:2**.

Mesmo sendo o possuidor de tudo que existe, Deus ainda se mostra muito generoso. Ninguém é tão bom como Deus; Ele é bom o tempo todo e eternamente.:

Louvai ao SENHOR, porque ele é bom; porque a sua benignidade dura para sempre.

Louvai ao Deus dos deuses; porque a sua benignidade dura para sempre.

Salmos 136:1-2

Nós dependemos de Deus; nunca poderemos superá-Lo em dar, doar, amar, ajudar, socorrer ou beneficiar alguém.

Conforme aprendemos anteriormente, Deus não precisa de nós; o que ocorre é justamente o oposto: somos nós que dependemos de Deus para tudo (até os ímpios estão à mercê Dele, mesmo sem saberem). No entanto, Ele demonstra Seu amor por nós ao nos dar oportunidades para agradá-Lo. Isso é uma honra.

"Tua é, Senhor, a magnificência, e o poder, e a honra, e a vitória, e a majestade; porque teu é tudo quanto há nos céus e na terra; teu é, Senhor, o reino, e tu te exaltaste por cabeça sobre todos.

E riquezas e glória vêm de diante de ti, e tu dominas sobre tudo, e na tua mão há força e poder; e na tua mão está o engrandecer e o dar força a tudo."

1 Crônicas 29:11,12

Existe muita polêmica em torno do assunto de contribuições. Com a intenção de eliminar possíveis dúvidas e facilitar nossa compreensão, veremos esse assunto em forma de perguntas e respostas, relativas à maioria das dúvidas que podem surgir, como as que seguem:

DEUS PRECISA DO NOSSO DINHEIRO?

Não. Tudo que temos, podemos fazer ou somos, pertence a Ele. **Contribuir é uma oportunidade** nossa e um ato de obediência, gratidão e honra. Se Deus precisasse do nosso dinheiro, Cristo não teria dito o seguinte para Seus discípulos:

Jesus olhou e viu os ricos colocando suas contribuições nas caixas de ofertas.
Viu também uma viúva pobre colocar duas pequeninas moedas de cobre.
E disse: "Afirmo que esta viúva pobre colocou mais do que todos os outros.

Todos esses deram do que lhes sobrava; mas ela, da sua pobreza, deu tudo o que possuía para viver".

Lucas 21:1-4

A viúva **não** usou a **desculpa** de que só tinha pouco ou de que era tudo que ela tinha **para não contribuir**. Em obediência, ela aproveitou a oportunidade de ofertar e ofertou tudo que tinha, o que chamou a atenção de Cristo. Essa atitude da viúva serviu de lição para os discípulos e para nós até os dias de hoje.

POR QUE CONTRIBUIR,
SE DEUS NÃO PRECISA DE DINHEIRO?

Imagine uma pessoa que quer começar a criar formigas em um viveiro ou terrário e, para isso, prepara uma porção de coisas para fazer essa sua súbita vontade acontecer. Para cuidar destas formigas e não deixá-las morrer, o criador vai precisar, ao menos de vez em quando, colocar ali dentro algumas coisas como água e alimento (como Deus sempre faz conosco, e talvez não percebamos). Mas imagine se o criador das formigas tivesse que fazer todo o trabalho que cada formiga faz, como produzir aquela secreção ou "cola" para unir glóbulos de terra, que servem para criar ou fechar passagens, ou então cavar a terra, reunir as folhas e restos de vegetais a fim de criar os fungos que as formigas comem, defender a formiga rainha ou o ninho de invasores, e assim por diante.

Isso seria muito trabalhoso para o criador. Esses são os trabalhos de cada formiga, pois cada formiga foi feita com uma ou mais dessas habilidades e características exclusivas, as formigas também tem seus propósitos. O verdadeiro problema nem é o trabalho, pois se o criador tivesse que fazer e pudesse fazer tudo por elas, de fato, ele nunca precisaria ou desejaria ter formigas, por elas serem inúteis.

Em outras palavras, ele só quis ter o viveiro de formigas porque contava que as próprias formigas cuidariam umas das outras. Imagino que a motivação de um criador de formigas é poder ver o desenvolvimento da colônia e de suas formigas, ver como crescem e como melhoram a cada dia. Assim também podemos imaginar Deus nos vendo cuidar uns dos outros, e essa é a aplicabilidade das contribuições.

Apesar de Deus não precisar do nosso dinheiro, a obra d'Ele, que é a Igreja precisa e as pessoas também, Ele nos escolheu para fazer esta tarefa, que na verdade é uma honra, uma oportunidade de demonstrar obediência e amor para com Ele, com o evangelho d'Ele e para com as pessoas. Não é só sobre dinheiro. As contribuições também podem ser realizadas em forma de trabalhos, serviços ao nosso Deus e às pessoas, com interação social, principalmente para aqueles que precisam, inclusive de afeto e amizade.:

"Portanto, ofereçamos sempre por ele a Deus sacrifício de louvor, isto é, o fruto dos lábios que confessam o seu nome.

E não vos esqueçais da beneficência e comunicação, porque com tais sacrifícios Deus se agrada."

Hebreus 13:15,16

"De modo que, tendo diferentes dons, segundo a graça que nos é dada, se é profecia, seja ela segundo a medida da fé;
Se é ministério, seja em ministrar; se é ensinar, haja dedicação ao ensino;

Ou o que exorta, use esse dom em exortar; o que reparte, faça-o com liberalidade; o que preside, com cuidado; o que exercita misericórdia, com alegria."

Romanos 12:6-8

"Como os dias em que os judeus tiveram repouso dos seus inimigos, e o mês que se lhes mudou de tristeza em alegria, e de luto em dia de festa, para que os fizessem dias de banquetes e de alegria, e de mandarem presentes uns aos outros, e dádivas aos pobres."

Ester 9:22

TUDO QUE É MEU NÃO É MEU MÉRITO?

Não exatamente. Apesar de existir muita meritocracia nas leis do universo em nosso favor, a graça do Criador sobre nossas vidas, que é o favor d'Ele sem merecermos, é muito maior que nosso próprio mérito. Como já vimos anteriormente, Deus é quem nos deu toda a capacidade para gerar riquezas. Somente uma pequena parte disso é mérito nosso.

Vamos ver como a Bíblia responde, de forma muito clara, a esta pergunta:

"A riqueza e a honra vêm de **TI**; tu dominas sobre todas as coisas. Nas tuas mãos estão a força e o poder para exaltar e dar força a todos."

1 Crônicas 29:12

"O Espírito de Deus me fez; o sopro do Todo-poderoso me dá vida."

Jó 33:4

"O Senhor dá força ao seu povo; o Senhor dá a seu povo a bênção da paz."

Salmos 29:11

"Pois o Senhor é quem dá sabedoria; de sua boca procedem o conhecimento e o discernimento."

Provérbios 2:6

"Será que você não sabe? Nunca ouviu falar? O Senhor é o Deus eterno, o Criador de toda a terra. Ele não se cansa nem fica exausto, sua sabedoria é insondável.
Ele fortalece ao cansado e dá grande vigor ao que está sem forças.

Até os jovens se cansam e ficam exaustos, e os moços tropeçam e caem; mas aqueles que esperam no Senhor renovam as suas forças. Voam bem alto como águias; correm e não ficam exaustos, andam e não se cansam."

Isaías 40:28-31

"Não digam, pois, em seu coração: "A minha capacidade e a força das minhas mãos ajuntaram para mim toda esta riqueza".

Mas, lembrem-se do Senhor, do seu Deus, pois é ele que lhes dá a capacidade de produzir riqueza, confirmando a aliança que jurou aos seus antepassados, conforme hoje se vê."

Deuteronômio 8:17,18

"Não que possamos reivindicar qualquer coisa com base em nossos próprios méritos, mas a nossa capacidade vem de Deus."

2 Coríntios 3:5

QUAIS SÃO OS TIPOS DE CONTRIBUIÇÕES?

OFERTAS

São contribuições que, além dos dízimos, temos a liberdade de oferecer a Deus de forma espontânea ou quando solicitadas para uma finalidade específica (ofertas alçadas).

SACRIFÍCIOS

Essas ofertas não são mais necessárias para nós que vivemos na dispensação da graça. Por causa do sacrifício perfeito feito por Cristo na cruz, não precisamos mais praticar sacrifícios, pelo menos não da mesma forma que eram feitos antes da morte de Cristo.

Esses sacrifícios eram comuns para o povo de Deus (Israel) durante o período do Velho Testamento e serviam para finalidades diversas baseadas nas Leis de Moisés e/ou nas datas sagradas, festas e momentos solenes, mas a principal finalidade era a expiação de pecados (simbolizando o sacrifício final de Cristo).

Nos dias de hoje, podemos dizer que, simbolicamente, **'sacrificamos'** nosso corpo, recursos, mente e coração em adoração, deixando de fazer a nossa vontade para adorar a Deus, assim como foram os **mil holocaustos de Salomão**.

Antes da morte de Cristo, aquilo que sobrava dos sacrifícios também servia para sustento dos sacerdotes:

"E o que sobejar da oferta de alimentos, será de Arão e de seus filhos; coisa santíssima é, das ofertas queimadas ao Senhor.

E, o que sobejar da oferta de alimentos, será de Arão e de seus filhos; coisa santíssima é, das ofertas queimadas ao Senhor."

Levítico 2:3,10

Podemos também nos lembrar de nossos 'sacerdotes', ou seja, nossos líderes (ministro, pastor, obreiro, líder espiritual, etc.), e abençoar a vida deles financeiramente ou de alguma outra forma. Quanto aos líderes corruptos, veremos mais adiante.

DÍZIMOS

São dez por cento (10%) ou uma décima parte da renda; nós não damos o dízimo, nós o devolvemos como ato de gratidão por tudo que já recebemos. Pode-se dizer que é uma contribuição tardia. Primeiro, o Pai nos dá, e nós, gostando de ter recebido, seja pouco ou muito, então, por ordem e gratidão, levamos o dízimo para Deus.

Deus fez um investimento em cada um de nós de 100% de tudo que temos para viver e desfrutar. Então, empregamos nossas forças em forma de trabalho físico, inteligência, tempo e qualidade de interação com o próximo para gerar nossa desejada renda (fruto do trabalho). Deus pede então o dízimo como uma forma de honrá-Lo, pois foi Ele quem nos deu primeiro, e como vimos, Ele não precisa de nada já que é Deus quem nos provê:

"Certamente **darás** os **dízimos** de todo o fruto da tua semente, que cada ano se recolher do campo."

Deuteronômio 14:22

"Também **todas as dízimas** do campo, da semente do campo, do fruto das árvores, **são do Senhor**; santas são ao Senhor."

Levítico 27:30

O dízimo também é uma proteção, e podemos fazer prova disso. As bênçãos originárias da obediência em dizimar e ofertar são tão garantidas que Deus nos permite desafiar o resultado no exercício de contribuir. Em nenhuma outra área ou situação, Deus permite algo como isso. Essa garantia faz parte da Lei da Semeadura, que funciona de forma automática:

"Roubará o homem a Deus? Todavia vós me roubais, e dizeis: Em que te roubamos? Nos dízimos e nas ofertas. Com maldição sois amaldiçoados, porque a mim me roubais, sim, toda esta nação.

Trazei todos os dízimos à casa do tesouro, para que haja mantimento na minha casa, e depois fazei prova de mim nisto, diz o Senhor dos Exércitos, se eu não vos abrir as janelas do céu, e não derramar sobre vós uma bênção tal até que não haja lugar suficiente para a recolherdes.

E por causa de vós repreenderei o devorador, e ele não destruirá os frutos da vossa terra; e a vossa vide no campo não será estéril, diz o Senhor dos Exércitos.

E todas as nações vos chamarão bem-aventurados; porque vós sereis uma terra deleitosa, diz o Senhor dos Exércitos."

Malaquias 3:8-12

Essa passagem de Malaquias menciona o termo **'roubar'** dando a entender a severidade, ou seja, a gravidade em não contribuir, porque isso tem impacto de, pelo menos, duas formas: impacto na vida do não contribuinte e impacto na obra de Deus (casa do tesouro). Mas devemos tomar muito cuidado quando alguém usar essa mesma passagem para ameaçar as pessoas, membros de uma igreja ou comunidade, alegando que o devorador seja um demônio ou anjo de Deus enviado para punir o povo.

Mesmo que fosse o caso, não existem provas suficientes na Bíblia para sustentar essa interpretação, ou seja, trata-se apenas de especulações sem muita base. Devorador pode ser simplesmente qualquer outra coisa que possa consumir o fruto do trabalho ou apenas um tipo de praga, como citado no livro do profeta Joel:

"O que o gafanhoto cortador deixou o gafanhoto peregrino comeu; o que o gafanhoto peregrino deixou o gafanhoto devastador comeu; o que o gafanhoto devastador deixou o gafanhoto **devorador** comeu."

Joel 1:4 (NVI)

Entretanto, o texto não menciona o **devorador** como uma ameaça; pelo contrário, fala de proteção: "E por causa de vós **repreenderei** o devorador". Existe, de fato, uma ameaça em outra parte do texto, onde é dito: **"Com maldição sois amaldiçoados"**, que é a consequência da desobediência e ingratidão do povo de Deus que se recusava a contribuir ou fazia a contribuição de forma errada (é isso mesmo, existe a forma correta de contribuir). Basta lembrar novamente de **"Aprendam a fazer o bem"** de **Isaías 1:17**.

Nenhum pregador deveria se referir ao devorador com a intenção de ameaçar ou amedrontar as pessoas, forçando-as a contribuir por obrigação e por medo, pois esta é uma das muitas formas erradas de contribuir. Esse também é o motivo pelo qual muitas pessoas, por engano, detestam a prática de contribuir.

A forma correta de contribuir é esta::

"Cada um dê conforme determinou em seu coração, **não com pesar ou por obrigação**, pois Deus ama quem dá **com alegria**.

E Deus é poderoso para fazer que toda a graça lhes seja acrescentada, para que em todas as coisas, em todo o tempo, tendo tudo o que é necessário, vocês transbordem em toda boa obra."

2 Coríntios 9:7-8

"E o povo se alegrou porque contribuíram voluntariamente; porque, com coração perfeito, voluntariamente deram ao Senhor; e também o rei Davi se alegrou com grande alegria."

1 Crônicas 29:9

Não só é fundamental ter alegria em doar e ajudar, como também é uma benção, um segredo revelado para a nossa própria felicidade. Essa é uma das coisas para as quais fomos criados e faz parte de nossos propósitos. Como vimos em Gênesis 2:15, a ordem de cultivar o jardim (mandato de Avodah) e o domínio que foi dado ao ser humano, não significam apenas cuidar do nosso planeta, mas também das pessoas, das famílias e da igreja de Cristo na Terra.

Quando Deus deu a Adão seu castigo pela desobediência, se pensarmos um pouco melhor, nós podemos perceber que não é apenas um castigo, mas também um escape para Adão poder se dedicar a algo, em meio a um mundo invadido pela maldição do pecado:

Com o suor do seu rosto você comerá o seu pão, até que volte à terra, visto que dela foi tirado; porque você é pó e ao pó voltará.

Gênesis 3:19

Adão já tinha a missão de trabalhar e já trabalhava. Ele administrava o jardim e já havia dado nome aos animais, o que significa que, de forma simples, ele classificou, catalogou e fez relatórios a Deus sobre cada animal.

Os versículos anteriores a **Gênesis 3:19** contam que, por causa do pecado, a terra iria produzir espinhos e ervas daninhas, tendo um significado tanto literal e físico como também espiritual, representando todo tipo de mal. Assim, Adão teve maiores dificuldades para prover sustento para si mesmo e para sua família.

O trabalho árduo é como um ajuste do jogo, como em um esporte quando se aumenta a dificuldade. Ele serve ao mandato divino, pois também dá uma sensação de contentamento, é gratificante e nos faz sentir mais importantes, valiosos e úteis. O trabalho árduo é uma fonte de satisfação pessoal e aumenta a autoestima.

Esse fenômeno pode ser explicado pelas ciências humanas, como a biologia e a neurociência. No corpo humano, há substâncias produzidas pelo esforço, como a dopamina, serotonina e endorfinas, que dão prazer e sensação de recompensa, regulam o humor e o sono, e até mesmo reduzem dores ou cansaço.

Mas, mesmo com as explicações científicas, é como se não tivesse explicação quando sentimos essa alegria, porque isso tudo faz parte do nosso chamado. Outra parte dessa alegria tem origem no que é sobrenatural, dependendo do nível de despertar de cada um em relação ao seu propósito para perceber.

Vemos isto também em no livro de **Atos dos Apóstolos**:

"Em tudo o que fiz, mostrei-lhes que mediante trabalho árduo devemos ajudar os fracos, lembrando as palavras do próprio Senhor Jesus, que disse: 'Há maior felicidade em dar do que em receber'."

Atos 20:35

Até os '**magos do oriente**' sabiam desse **segredo**. Misteriosamente, eles viajaram de muito longe para fazer uma doação importante ao '**Rei dos Judeus**', o nosso **Cristo**. Até estudiosos e especialistas, como o teólogo **John F. MacArthur** (2006), acreditam que o '**Messias**' nem fazia parte das culturas orientais desses magos.

"Ao entrarem na casa, viram o menino com Maria, sua mãe, e, prostrando-se, o adoraram. Então abriram os seus tesouros e lhe deram presentes: ouro, incenso e mirra."

Mateus 2:11

> **Referência: John F. MacArthur,** *Twelve Ordinary Men: How the Master Shaped His Disciples for Greatness, and What He Wants to Do with You* (Thomas Nelson, 2006)

Existe então esse '**grande segredo**' que as pessoas deveriam experimentar: a alegria de dar, de doar e de trabalhar para servir aos outros. Infelizmente, esse segredo, que já não é tão secreto assim, ainda não é amplamente adotado pelas pessoas por causa do pecado e da dúvida. Por mais que alguém diga, por mais que leiam isso nos livros ou na própria Bíblia, continua sendo muito contra intuitivo.

A percepção instintiva do pecado nos diz que devemos ser servidos, que devemos somente receber, que precisamos reter somente para nós, que devemos exercer autoridade sobre os outros e não nos esforçar para fazer nada por ninguém. Essa percepção, embora pareça a mais óbvia, é na verdade um grande engano e uma distorção de realidade provocada pela maldição do pecado.

Para experimentar a alegria de servir e dar, é necessário ter fé e coragem para acreditar que isso funciona, superarando a percepção egoísta do pecado. Somente ao colocar essa prática em ação é que se pode verdadeiramente experimentar essa alegria.

Jesus os chamou e disse: "Vocês sabem que aqueles que são considerados governantes das nações as dominam, e as pessoas importantes exercem poder sobre elas.

Não será assim entre vocês. Pelo contrário, quem quiser tornar-se importante entre vocês deverá ser servo; e quem quiser ser o primeiro deverá ser escravo de todos.

Pois nem mesmo o Filho do homem veio para ser servido, mas para servir e dar a sua vida em resgate por muitos".

Marcos 10:42-45

Jesus ensina nestes versos de Marcos uma hierarquia, um governo e uma postura que vão contra o senso comum, citando a si mesmo como o maior exemplo. Servir e doar faz parte do propósito do ser humano, e esse ciclo teve início com Deus, partindo para a humanidade, e da humanidade para o restante da criação de Deus. De certa forma, ele retorna ao ser humano novamente, completando a vontade de Deus.

PRIMÍCIAS

As primícias são as primeiras partes dos frutos, do gado, da colheita ou de alguma renda. Podemos contribuir tanto nos dízimos como nas ofertas e outras contribuições em forma de primícias. Isso reforça nosso desapego e demonstra nosso interesse em buscar o reino de Deus em primeiro lugar, ao mesmo tempo que praticamos o primeiro mandamento.

Respondeu Jesus: "Ame o Senhor, o seu Deus de todo o seu coração, de toda a sua alma e de todo o seu entendimento". Este é o primeiro e maior mandamento.

Mateus 22:37-38

Algumas passagens bíblicas sobre primícias incluem:

"Dar-lhe-ás as primícias do teu grão, do teu mosto e do teu azeite, e as primícias da tosquia das tuas ovelhas."

Deuteronômio 18:4

"Honra ao Senhor com os teus bens, e com a primeira parte de todos os teus ganhos; E se encherão os teus celeiros, e transbordarão de vinho os teus lagares."

Provérbios 3:9,10

"E, se as primícias são santas, também a massa o é; se a raiz é santa, também os ramos o são."

Romanos 11:16

"E aconteceu **ao cabo de dias** que Caim trouxe do fruto da terra uma oferta ao Senhor.

E Abel também trouxe **dos primogênitos** das suas ovelhas, e da sua gordura; e atentou o Senhor para Abel e para a sua oferta."

Gênesis 4:3,4

E mais uma vez notamos que, mesmo no esforço de agradar a Deus com as primícias, Ele não deixa de nos favorecer. No entanto, não podemos fazê-lo com a intenção de troca ou esperando benefícios. É exatamente na intenção de agradar a Deus que o agir dEle retornará para nós em forma de bênçãos. Consagrar as primícias é, portanto, abençoar toda a renda e bens de forma específica e intencional. Deus nos oferece a oportunidade de participar com Ele no ciclo de dar e receber, um tema tão importante que será abordado com mais detalhes neste livro. Esse conceito é tão poderoso que permeia toda a criação, desde o microcosmo até o macrocosmo.

O QUE É LEI DA SEMEADURA?

A Lei da Semeadura é um princípio universal que pode ser observado desde os tempos antigos e é amplamente explicado na Bíblia. Esta lei afirma que colhemos aquilo que plantamos.

Não vos enganeis: de Deus não se zomba; pois aquilo que o homem semear, isso também ceifará.

Gálatas 6:7

Esse princípio sugere que nossas ações têm consequências diretas. Se plantarmos boas ações, bondade e generosidade, colheremos resultados positivos e bênçãos. Por outro lado, ações negativas também geram resultados ruins. A **Lei da Semeadura** reflete a sabedoria de Deus em toda a criação.

"Lembrem-se: aquele que semeia pouco, também colherá pouco, e aquele que semeia com fartura, também colherá fartamente."

2 Coríntios 9:6

Essa lei pode ser aplicada em muitas áreas de nossas vidas. Ela propõe que o resultado das coisas que fazemos é diretamente proporcional à quantidade e à qualidade (boa ou ruim) daquilo que fazemos.

Um detalhe, que pode ser visto como uma **extensão** dessa lei, é que a colheita do que plantamos sempre possui um valor multiplicado, que pode ser até exponencial, além de **proporcional**. Assim como um único grão ou semente plantada geralmente produz muitos frutos (espigas, vagens, etc.), cada fruto pode conter uma grande quantidade de novas sementes, e assim por diante..

"E quanto à semente que caiu em boa terra, esse é o caso daquele que ouve a palavra e a entende, e dá uma colheita de **cem**, **sessenta** e **trinta** por um. "

Mateus 13:23

Nesta parábola do semeador de Mateus 13, Cristo está ensinando aos seus discípulos sobre pregar o evangelho e os frutos da Palavra na vida das pessoas, destacando a característica de multiplicação que faz parte da lei da semeadura. O versículo menciona proporções de no mínimo trinta (30) vezes ao que foi plantado. Isto, como sabemos e observamos na prática, não se aplica apenas à pregação da Palavra e ao reino espiritual. Veremos, ao longo deste livro, que outras parábolas do Mestre terão o mesmo efeito multiplicador e aplicabilidade para várias áreas de nossa vida.

Não devemos, entretanto, fazer nossa contribuição a Deus apenas pensando no retorno ou nos benefícios que esse ato possa nos trazer. Mas é fato (como dito "fazei prova de mim" em Malaquias 3:8-12) que é impossível não sermos abençoados quando fazemos a contribuição da forma correta, como descrito em 2 Coríntios 9:7-8.

Também é impossível não fazer uma boa colheita quando todas as condições são favoráveis (terra boa, clima adequado, plantio bem executado, etc.) para quem semeou.

Outra aplicabilidade muito importante da lei da semeadura está na mente humana, onde nossa mente subconsciente representa o solo e as sementes são tudo aquilo que lemos, ouvimos, assistimos, aprendemos, repetimos e damos importância, principalmente a Palavra de Deus. Como foi dito na parábola do semeador, quando essas informações passam por nossos julgamentos e validações conscientes, ficam gravadas na camada abaixo de nossa consciência em forma de crenças, assim como abaixo do solo ocorre o milagre da germinação e multiplicação.

Porém, o grande desafio está em filtrar e alimentar a mente com o que é bom, porque depois de gravado no subconsciente já não faz diferença para nossa mente se o conteúdo é bom ou é ruim, todas as nossas reações automáticas e tendências serão baseadas nessa "**programação mental**" e formam os nossos comportamentos e hábitos.

"Há quem dê generosamente, e vê aumentar suas riquezas; outros retêm o que deveriam dar, e caem na pobreza.
O generoso prosperará; quem dá alívio aos outros, alívio receberá."

Provérbios 11:24,25

"Dêem, e lhes será dado: uma boa medida, calcada, sacudida e transbordante será dada a vocês. Pois à medida que usarem, também será usada para medir vocês."

Lucas 6:38

"Ora, aquele que dá a semente ao que semeia, também vos dê pão para comer, e multiplique a vossa sementeira, e aumente os frutos da vossa justiça;"

2 Coríntios 9:10

Existem muitas vantagens e recompensas para quem aprende o princípio da semeadura que vai muito além da fartura e do dinheiro, são experiências que, muitas vezes, não podem ser compreendidas por pessoas avarentas ou egoístas pelo simples fato de que lhes falta a fé na **Palavra** ou de que exista alguma malícia no coração e por isso não conseguem viver o prazer dessa experiência:

"Manda aos ricos deste mundo que não sejam altivos, nem ponham a esperança na incerteza das riquezas, mas em Deus, que abundantemente nos dá todas as coisas para delas gozarmos;
Que façam bem, enriqueçam em boas obras, repartam de boa mente, e sejam comunicáveis;"

1 Timóteo 6:17,18

"Porque, se há prontidão de vontade, será aceita segundo o que qualquer tem, e não segundo o que não tem.
Mas, não digo isto para que os outros tenham alívio, e vós opressão, mas para igualdade; neste tempo presente, **a vossa abundância supra a falta dos outros**, para que também a sua abundância supra a vossa falta, e haja igualdade;
Como está escrito: O que muito colheu não teve demais; e o que pouco, não teve de menos."

2 Coríntios 8:12-15

"Ao Senhor empresta o que se compadece do pobre, ele lhe pagará o seu benefício."

Provérbios 19:17

E QUANTO AO LÍDER CORRUPTO?
PODEMOS FAZÊ-LO PAGAR SUA CONDUTA?

Podemos pedir transparência a respeito do uso das contribuições ou, tendo as provas, fazer a denúncia para as autoridades, mas não podemos nos colocar como juízes no caso, nem somos executores da justiça divina sobre os pecados alheios; o que um sacerdote faz com as contribuições é puramente responsabilidade dele para com Deus, o pecado dele se resolve entre ele e Deus, seus crimes ficam por conta das autoridades, inclusive as investigações.

Não saia falando mal da pessoa, **evite ser um difamador**, pois pode ser que a pessoa tenha sido acusada injustamente, ou que ela tenha sido enganada, ou ainda podem ter colocado essa pessoa em algum esquema de corrupção como bode expiatório, e até mesmo pode ter havido algum mal entendido.

Sejamos sábios, saibamos quando e onde é melhor contribuir, mas nunca devemos desperdiçar a oportunidade de contribuir corretamente.

Não use a acusação sobre algum líder ou sacerdote, o qual tenha feito, ou não, mau uso das contribuições, **como desculpa** para não contribuir. A influência maligna de Satanás e seus demônios têm influenciado muito nessa questão ao longo dos anos, pois a meta dos seres das trevas é justamente acabar com reputações de líderes, não apenas para exterminar igrejas e ministérios evangelísticos, mas também para causar pobreza na humanidade.

Hoje em dia, não é comum matar pessoas como se fazia antigamente, mas os textos abaixo servem para ilustrar a questão **de ir contra alguém que tenha sido ungido**, e não fala apenas de matar, fala também de **maltratar** e **fazer mal**, deixando bem claro que esse assunto é muito sério.

"Não maltratem os meus ungidos; **não façam mal aos meus profetas**".

1 Crônicas 16:22

"Abisai disse a Davi: "Hoje Deus entregou o seu inimigo nas suas mãos. Deixe-me, agora, cravar a lança nele até o chão com um só golpe; não precisarei de outro".
Davi, contudo, disse a Abisai: "Não o mate! Quem pode levantar a mão contra o ungido do Senhor e permanecer inocente?

Juro pelo nome do Senhor", disse ele, "o Senhor mesmo o matará; ou chegará a sua hora e ele morrerá, ou ele irá para a batalha e perecerá."

1 Samuel 26:8-10

"Davi lhe perguntou: "Como você não temeu levantar a mão para matar o ungido do Senhor? "Então Davi chamou um dos seus soldados e disse-lhe: "Venha aqui e mate-o!" O servo o feriu, e o homem morreu.

Davi tinha dito ao jovem: "Você é responsável por sua própria morte. Sua boca testemunhou contra você, quando disse: 'Matei o ungido do Senhor'. "

2 Samuel 1:14-16

Existem vários **grupos** ou **denominações** que **optaram voluntariamente** por **manter financeiramente** um pregador, missionário, ministro da Palavra de Deus, ou até um grupo de pessoas que trabalham em igrejas ou obras missionárias. Não há nenhum crime e nem pecado nisso, mas pelo contrário, é perfeitamente aceitável se estiver ajudando as pessoas, e ao reino de Deus.

Os que contribuem são abençoados e a obra evangelística também cresce junto, só não se pode dizer o mesmo quando existe cobiça com enriquecimento ilícito por parte de quem é mantido pelas contribuições ou as administra, mas isto requer muito cuidado antes de se concluir se é crime ou se é pecado, como já mencionado antes, é bom deixar investigações com as autoridades e a justiça pertence a Deus.

Na Bíblia temos situações parecidas de sustentar pessoas pela obra de Deus, como no caso da viúva de **Sarepta**, que mesmo sem ter condições acolheu e sustentou o profeta Elias enquanto sua casa era abençoada simultaneamente.

Então a palavra do Senhor veio a Elias: "Vá imediatamente para a cidade de Sarepta de Sidom e fique por lá. Ordenei a uma viúva daquele lugar que lhe forneça comida".

1 Reis 17:8-9

Pois assim diz o Senhor, o Deus de Israel: 'A farinha na vasilha não se acabará e o azeite na botija não se secará até o dia em que o Senhor fizer chover sobre a terra' ".

Ela foi e fez conforme Elias lhe dissera. E aconteceu que a comida durou todos os dias para Elias e para a mulher e sua família. Pois a farinha na vasilha não se acabou e o azeite na botija não se secou, conforme a palavra do Senhor proferida por Elias."

1 Reis 17:15-16

No caso da viúva de Sarepta, foi **Deus** quem enviou o profeta Elias até ela, cumprindo mais de uma finalidade: prover sustento tanto para o profeta quanto para a própria viúva que também precisava de provisão. A vida da viúva foi usada para fazer parte da obra de Deus.

Outro exemplo é o da **mulher rica de Suném**, ou a **sunamita**, que quis abençoar o profeta Eliseu:

Certo dia, Eliseu foi a Suném, onde uma mulher rica insistiu que ele fosse tomar uma refeição em sua casa.
Depois disso, sempre que passava por ali, ele parava para uma refeição.
De modo que ela disse ao marido: "Sei que esse homem que sempre vem aqui é um santo homem de Deus.

Vamos construir lá em cima um quartinho de tijolos e colocar nele uma cama, uma mesa, uma cadeira e uma lamparina para ele. Assim, sempre que nos visitar ele poderá ocupá-lo.

2 Reis 4:8, 9

Por isso temos que observar a conduta e testemunho dos líderes e também dos obreiros e pessoas que auxiliam os líderes, e com todo o zelo pelo evangelho, dar a devida reverência.

"Obedecei a vossos pastores, e sujeitai-vos a eles; porque velam por vossas almas, como aqueles que hão de dar conta delas; para que o façam com alegria e não gemendo, porque isso não vos seria útil."

Hebreus 13:17

"Os presbíteros que governam bem sejam estimados por dignos de duplicada honra, principalmente os que trabalham na palavra e na doutrina;"

1 Timóteo 5:17

Quanto a fazer alguma denúncia ou alegação, eu sugiro pedir direção de Deus, porque **isso é algo muito sério**, pois mesmo que esteja com toda a razão, a forma como conduzir as acusações e denúncias poderá recair de forma negativa sobre quem acusou ou denunciou, tanto espiritualmente como na forma da lei humana. Por mais irritação que uma coisa dessas possa nos dar, não deseje buscar por justiça de forma cega.

DEVO CONTRIBUIR SABENDO QUE O LÍDER IRÁ FAZER MÁ UTILIZAÇÃO?

Com certeza não. Não mesmo! Se o seu líder usa ameaças a respeito do "devorador" usando a passagem de **Malaquias 3:11**, conforme vimos ser uma das formas mais erradas de contribuição, isso pode ser um indício de má fé do seu líder, mas também pode ser que ele só tenha aprendido errado como muitos de nós. A recomendação mais acertada é ter prudência.

Porém, no caso de se ter a certeza absoluta de má conduta do líder, em muitos casos não é necessário acusar e nem buscar a justiça, basta sair de forma honrada de debaixo da orientação desse líder. Ninguém é obrigado a ficar sob a direção espiritual de um sacerdote perverso, inclusive entregando a ele suas contribuições.

Isso, além de ser falta de sabedoria, é também desobedecer ou desrespeitar a obra e o reino de Deus. Mas nada disso anula o nosso privilégio de realizar a nossa contribuição.

Se você sabe de fato, não por boatos, algo a respeito de mau uso, enriquecimento ilícito, ganância e práticas similares por parte de uma pessoa que exerce autoridade espiritual com as contribuições, em primeiro lugar, deixe imediatamente de contribuir ou confiar nessa pessoa.

Busque uma forma de sair debaixo da autoridade espiritual desse líder da maneira mais honrada e ética possível. Nunca deixe de contribuir por causa disso, pois se trata da sua própria saúde financeira e espiritual, conforme vimos até agora.

TROQUE APEGO MATERIAL POR CONEXÃO ESPIRITUAL

Se existe uma coisa que pode representar muito bem o mundo material, essa coisa é o dinheiro. O dinheiro representa tudo que podemos possuir de bens materiais, e isso, justamente, faz parte do propósito do dinheiro; é para isso que ele existe. Quando entregamos algo material para o reino de Deus, que é espiritual, como nos **mil holocaustos de Salomão**, fazemos uma conexão para que as coisas espirituais de Deus adentrem ao mundo material. Não é uma troca, mas sim uma abertura de possibilidades através da honra a Deus. Você pode chamar isso de **mistério** se quiser, mas para mim, isso parece tanto misterioso como também muito **lógico**.

É muito sábio considerar o ato de contribuir na obra e no evangelho de Cristo. Essa é uma chance ou oportunidade de criar uma conexão entre o material e o espiritual de forma muito positiva. Isso depende de nossas intenções, sabendo que existe a avaliação de Deus sobre nossas ações e que essa conexão pode ser negativa quando feita de forma errada ("Aprendam a fazer o bem..."). Esse ato também prova para nós mesmos, diante de Deus, que não estamos apegados às coisas materiais, ao mesmo tempo em que nos preocupamos com as coisas espirituais, que são a obra e o evangelho de Cristo e a salvação das pessoas.

"Nenhum servo pode servir a dois senhores: pois ou há de odiar um e amar o outro; ou então ele se agarrará a um e desprezará o outro. Não podeis servir a **Deus** e a **mamom**."

Lucas 16:13 (KJA)

"Nenhum servo pode servir a dois senhores; pois odiará a um e amará ao outro, ou se dedicará a um e desprezará ao outro. Vocês não podem servir a **Deus** e ao **Dinheiro**".

Lucas 16:13 (NVI)

Essa passagem de Lucas faz menção a mamon, uma palavra do hebraico que significa dinheiro, é possível também que alguns autores e estudiosos a atribuam a alguma divindade, um falso deus, justamente por causa da palavra **mamon**.

Um ótimo exemplo de desapego ao dinheiro, e ao mesmo tempo, adoração e honra para com Deus, foi a observação que **Cristo** fez aos seus discípulos ao mostrar uma viúva pobre que ofertou suas poucas moedinhas como já vimos na passagem **Marcos 12:41-44**.

O dinheiro não é uma coisa ruim, mas a Palavra nos alerta para um perigo muito grande: o **amor ao dinheiro**.

"Os que querem ficar ricos caem em tentação, em armadilhas e em muitos desejos descontrolados e nocivos, que levam os homens a mergulharem na ruína e na destruição, **pois o amor ao dinheiro é a raiz de todos os males**.

Algumas pessoas, por cobiçarem o dinheiro, desviaram-se da fé e **se atormentaram a si mesmas com muitos sofrimentos**.

Você, porém, homem de Deus, fuja de tudo isso e busque a justiça, a piedade, a fé, o amor, a perseverança e a mansidão."

1 Timóteo 6:9-11

O amor ao dinheiro é uma idolatria e é a causa de muitos problemas, materialmente e espiritualmente falando, pois disso se dá origem a toda espécie de maldade nas pessoas, o que conhecemos pelo nome de "**avareza**" ou "**cobiça**" ou ainda "**ganância**".

E por falar em ganância, vejamos mais uma referência válida sobre esse tema.

"Então, um dos Doze, chamado **Judas Iscariotes**, dirigiu-se aos chefes dos sacerdotes e lhes perguntou: "O que me darão se eu o entregar a vocês?"
E eles lhe fixaram o preço: **trinta moedas de prata**.

Desse momento em diante Judas passou a procurar uma oportunidade para entregá-lo."

Mateus 26:14-16

O que motivou Judas Iscariotes a trair a Jesus foi exatamente a cobiça pelo dinheiro, ele tinha acabado de presenciar uma mulher derramar sobre a cabeça de Jesus um frasco de alabastro, que é uma espécie de jarro ou vasilha de mármore branco, cheio de um perfume muito caro. Tal atitude fez Judas pensar e desejar esse valor em dinheiro, mesmo sendo repreendido por **Jesus** na ocasião, quando os discípulos questionaram sobre aquilo ter sido um desperdício.

"E disse-lhes: Acautelai-vos e guardai-vos da avareza; porque a **vida** de qualquer **não consiste na abundância do que possui**. E propôs-lhe uma parábola, dizendo:

A herdade de um homem rico tinha produzido com abundância; E arrazoava ele entre si, dizendo: Que farei? Não tenho onde recolher os meus frutos.

E disse: Farei isto: Derrubarei os meus celeiros, e edificarei outros maiores, e ali recolherei todas as minhas novidades e os meus bens;

E direi a minha alma: Alma, tens em depósito muitos bens para muitos anos; descansa, come, bebe e folga.

Mas Deus lhe disse: **Louco! Esta noite te pedirão a tua alma**; e o que tens preparado, para quem será?

Assim é aquele que para si ajunta tesouros, e não é rico para com Deus.

Lucas 12:15-21

E disse aos seus discípulos: Portanto vos digo: Não estejais apreensivos pela vossa vida, sobre o que comereis, nem pelo corpo, sobre o que vestireis.

Mais é a vida do que o sustento, e o corpo mais do que as vestes.

Considerai os corvos, que nem semeiam, nem segam, nem têm despensa nem celeiro, e Deus os alimenta; quanto mais valeis vós do que as aves?

E qual de vós, sendo solícito, pode acrescentar um côvado à sua estatura?"

Lucas 12:22-25

"O ladrão não vem senão a roubar, a matar, e a destruir; eu vim para que tenham vida, e a tenham com abundância."

João 10:10

Devemos nos livrar da ganância, **sem odiar** o dinheiro, da mesma maneira que **não devemos amar** ou colocar o dinheiro acima das coisas mais importantes, principalmente **o reino de Deus**.

Dinheiro pode e **deve ser considerado** algo importante nas nossas vidas, e a própria Bíblia ensina isso (dinheiro é uma das palavras mais citadas em toda a Bíblia), o que não pode acontecer é deixarmos o dinheiro se tornar o único foco ou o foco principal da nossa vida.

"Não acumulem para vocês tesouros na terra, onde a traça e a ferrugem destroem, e onde os ladrões arrombam e furtam.

Mas acumulem para vocês tesouros no céu, onde a traça e a ferrugem não destroem, e onde os ladrões não arrombam nem furtam.

Pois onde estiver o seu tesouro, aí também estará o seu coração."

Mateus 6:19-21

O dinheiro tem o propósito de servir aos seres humanos, não ser desperdiçado de forma egoísta ou ser adorado por alguém. **Dinheiro não é uma pessoa**, mas um instrumento, **uma mera ferramenta**.

Essa ferramenta pode ajudar a produzir riqueza, mas para funcionar, precisa de pessoas reais e **sábias** no controle ("**domine ele sobre...**" Gênesis 1:26). Além disso, uma parte do dinheiro produzido deve ser consumida no processo de gerar mais dinheiro, o que requer **trabalho árduo** e os ciclos de abundância de dar e receber. No entanto, produzir mais dinheiro apenas para acumular pode ser o grande erro. Produzir mais riqueza deve sempre partir dos propósitos corretos e isso também estamos aprendendo aqui.

Muitas pessoas não querem suportar esse esquema de funcionamento, seja pelo esforço requerido ou pela demora da produção. A **ganância** faz com que as pessoas queiram pular etapas e aplicar trapaças.

Dinheiro deveria ser um assunto levado muito mais a sério do que a maioria das pessoas pode pensar. Embora seja um sistema de trocas de valores humanos, se observarmos todas as coisas da criação de Deus, veremos que funcionam com mecanismos semelhantes ao dinheiro e ao acúmulo de capital. Por exemplo, as reservas de energia dentro das células dos seres vivos, o fluxo das correntezas e o ciclo da água, o sistema de hierarquia dos seres vivos e cadeia alimentar, e toda forma de energia, matéria e suas transformações.

Na criação de Deus, podemos observar uma abundância muito grande em todas as direções em que olharmos. A gordura, uma coisa tão atacada e mal interpretada nos dias atuais, que os humanos e animais acumulam em seus corpos, é uma demonstração de fartura dentro da obra da criação e tem muito a ver com o que este livro tentará explicar adiante sobre economia e poupança.

O universo trabalha com formas de moedas de troca. Essas trocas, assim como o dinheiro, se dão através de ondas, de matéria e de energia. Sabemos que a Terra e o mundo material são uma representação fiel do mundo espiritual. Eu consigo enxergar ou entender o mundo material e o mundo espiritual como uma coisa só, com tudo integrado e funcionando em um ou vários sistemas conectados, idêntico aos nossos sistemas financeiros e sistemas de crédito, provisionado pelo próprio Deus.

Capitalismo e socialismo são apenas nomenclaturas humanas que classificam o entendimento humano sobre o comportamento e a relação com os recursos e o dinheiro. Contudo, esses rótulos infelizmente causam separação entre as pessoas. Na verdade, as regras de funcionamento do sistema financeiro poderiam ser muito melhores se nos baseássemos mais na **Palavra** e observássemos melhor o universo da criação de Deus.

Se prestássemos mais atenção na Bíblia e na criação, saberíamos usar e copiar um sistema financeiro ideal, que vá além do capitalismo e/ou do socialismo, e até de possíveis outros modelos, combinando o melhor de todos os tipos de sistemas. Assim como já copiamos vários aspectos, talvez sem perceber, dos sistemas de movimento, troca, abundância e reserva do universo para nossos sistemas de sociedade, negócios e sistemas financeiros.

CAPÍTULO 05
GANHAR DA FORMA CORRETA

DAR E RECEBER:
A DANÇA DAS MOEDAS

Dar e receber são ações que estão tão interligadas quanto os dois lados de uma mesma moeda. Se pensarmos bem, é uma mesma ação entre pessoas, com duas reações ou resultados diferentes, dependendo do ponto de vista de quem dá ou de quem recebe. Essa ação, em cada perspectiva, é como a experiência de uma dança entre duas pessoas e faz parte de um ciclo muito importante e que pode ser comparado com os eventos de todo o universo da criação.

Tal relação, no entanto, nem sempre é fácil de ser compreendida. É necessário praticar as duas ações para poder entendê-las completamente, e é um pouco mais difícil obter essa compreensão apenas observando essas ações sendo realizadas por outras pessoas. Existe em muitos de nós uma complicada teia de crenças que nos impede de enxergar a beleza e a importância dessa interação.

A DIFICULDADE EM RECEBER

Como já vimos antes, temos a percepção de que a posição mais importante é a de receber, e, por mais incrível que pareça, a maioria de nós não aprendeu como receber corretamente. Podemos ver nisso, então, ao menos duas coisas erradas: achar que receber é melhor ao mesmo tempo em que não se sabe receber corretamente.

Na Bíblia, existem textos que ensinam que é melhor dar do que receber, como veremos adiante. Porém, o que quero destacar aqui é a parte de aprender como devemos receber corretamente.

Uma falsa lição de bons modos que muitos aprenderam, seja com os pais, seja com professores, filmes, literatura ou programas de rádio e televisão, é errada e deturpada. Essa depreciação, em forma de frases ou expressões, do ato de uma pessoa nos dar alguma coisa é amplamente espalhada entre as pessoas. Essas expressões costumam ser parecidas com:

- "Ah, não precisava se incomodar..."
- "Que isso! Deve ter custado caro..."
- "Puxa, não precisava mesmo..."
- "Quem sou eu? Não posso aceitar..."

- "Mas eu nem merecia..."

Aparentemente inocentes e educadas, essas expressões e outras diversas variações ativam emoções e interpretações de impacto muito negativo, tanto em nós mesmos quanto naqueles que nos presenteiam e nos rodeiam.

Essa postura, muitas vezes arraigada — ou seja, firmemente fixada e presa pelas raízes — cria em nós crenças erradas sobre a etiqueta e o nosso valor próprio.

Além das expressões, também existem atitudes ou reações em forma de linguagem não verbal, como a linguagem corporal e expressões faciais, que demonstram as mesmas ideias de rejeição e resistência à recepção de presentes e reconhecimento alheio.

Tais resistências e rejeições representam um grande obstáculo para a felicidade dos atos de doar e de ser agraciado por alguém.

RECEBENDO MAL:
IMPACTOS NEGATIVOS EM QUEM RECEBE

Dificuldade em aceitar ajuda e reconhecer as qualidades dos outros nutre a crença de que somos autossuficientes e que não precisamos da ajuda de ninguém. Isso pode nos impedir de alcançar nosso pleno potencial e de fortalecer nossos laços com amigos e familiares. Esses comportamentos despertam sentimentos de arrogância, superioridade, medo, culpa e indignidade. Ao rejeitarmos um presente ou elogio, podemos alimentar esses sentimentos, que prejudicam nossa autoestima, nossas relações com os outros e nossa capacidade de aproveitar as oportunidades da vida.

RECEBENDO MAL:
IMPACTOS NEGATIVOS EM QUEM DOA

Quando nossa recepção é negativa, as pessoas que nos presenteiam podem sentir frustração, culpa e desmotivação para presentear novamente, por acreditarem que seu gesto não foi apreciado. Isso pode gerar dúvidas sobre a qualidade do presente ou a própria atitude, abalando sua confiança e autoestima. Em casos mais graves, pode levar a ressentimentos e abrir espaço para a possibilidade de rupturas na relação e conflitos com a pessoa que nos presenteou.

Essas pessoas podem se perguntar:

- Será que é a hora errada de dar?
- Será que não era para eu entregar para essa pessoa?
- Por que será que ela não gostou?
- Será que o problema sou eu ou o presente?

E podem pensar de nós:

- Que ingratidão!
- Que pessoa decepcionante!
- Nunca mais vou dar nada para essa pessoa...
- Não quero dar mais nada para ninguém!

Ao invés de simplesmente respondermos com "**frases padrão**" ao receber um presente ou elogio, podemos optar por expressar nossa genuína alegria e gratidão. Isso demonstra respeito e consideração pela pessoa que nos presenteou, além de fortalecer os laços afetivos e criar um ambiente positivo de reciprocidade. Também abre caminhos para recebermos mais presentes da mesma pessoa e de outras que presenciarem a boa recepção.

O que você gostaria de perceber ou ouvir de alguém quando você faz um favor, elogia ou entrega um presente para uma pessoa? Quando queremos agradar alguém, em geral, nem pensamos muito se ela merece ou está precisando, ou, quando pensamos nisso, fazemos muito antes do ato da doação ou reconhecimento.

No fim das contas, o que queremos receber quando presenteamos alguém é perceber a alegria dessa pessoa, é ver uma vontade ou sonho dela se realizar por nosso gesto. Queremos fazer parte da história da vida da pessoa de forma positiva, o que nos faz tão bem que é quase viciante. Infelizmente, a atitude da pessoa pode acabar com nossa boa experiência, e isso é muito sério.

O problema de não saber receber presentes reflete diretamente em nossa vida com Deus, porque, na verdade, não somos merecedores de nada e, pela graça, somos beneficiados em tudo que se possa imaginar. Tudo que somos, tudo que temos, o que já fizemos e o que podemos fazer são dádivas que Deus nos deu por amor.

Não saber receber presentes pode nos tornar ingratos, arrogantes, presunçosos, desconfiados e tantas outras coisas ruins que nos afastam de Deus. Para entender melhor, tente se colocar no lugar de um pai muito amoroso, como Deus é conosco, o tempo todo nos dando muitos presentes e observando nossa reação ao recebê-los d'Ele.

Peçam, e lhes será dado; busquem, e encontrarão; batam, e a porta lhes será aberta.
Pois todo o que pede, recebe; o que busca, encontra; e àquele que bate, a porta será aberta.
Qual de vocês, se seu filho pedir pão, lhe dará uma pedra?
Ou se pedir peixe, lhe dará uma cobra?

Se vocês, apesar de serem maus, sabem dar boas coisas aos seus filhos, quanto mais o Pai de vocês, que está nos céus, dará coisas boas aos que lhe pedirem!

Assim, em tudo, façam aos outros o que vocês querem que eles lhes façam; pois esta é a Lei e os Profetas".

Mateus 7:7-12

O texto de Mateus fala da boa vontade de Deus, nosso Pai, em nos agradar dando-nos aquilo que pedimos. Ter gratidão a Deus é uma ordem e faz parte de saber receber.

"Dêem graças em todas as circunstâncias, pois esta é a vontade de Deus para vocês em Cristo Jesus."

1 Tessalonicenses 5:18

Dar e receber faz parte de um ciclo vital, semelhante ao ciclo da água e de outras diversas coisas do universo da criação de Deus. Podemos perceber essa relação na Bíblia:

"Como vocês sabem, filipenses, nos seus primeiros dias no evangelho, quando parti da Macedônia, nenhuma igreja partilhou comigo no que se refere a dar e receber, exceto vocês; pois, estando eu em Tessalônica, vocês me mandaram ajuda, não apenas uma vez, mas duas, quando tive necessidade.

Não que eu esteja procurando ofertas, mas o que pode ser creditado na conta de vocês. Recebi tudo, e o que tenho é mais que suficiente.

Estou amplamente suprido, agora que recebi de Epafrodito os donativos que vocês enviaram. Elas são uma oferta de aroma suave, um sacrifício aceitável e agradável a Deus."

Filipenses 4:15-18

"Não julguem, para que vocês não sejam julgados. Pois da mesma forma que julgarem, vocês serão julgados; e **a medida que usarem, também será usada para medir vocês.**"

Mateus 7:1,2

"Não julguem, e vocês não serão julgados. Não condenem, e não serão condenados. Perdoem, e serão perdoados.

Dêem, e lhes será dado: uma boa medida, calcada, sacudida e transbordante será dada a vocês.

Pois **a medida que usarem, também será usada para medir vocês.**"

Lucas 6:37,38

Pela graça temos também, uma forte relação com a fé e quando pedimos com ousadia e com a motivação certa, temos a certeza de que nossos pedidos serão atendidos.

"E tudo o que pedirem em oração, se crerem, vocês receberão."

Mateus 21:22

"Por isso lhes digo: Peçam, e lhes será dado; busquem, e encontrarão; batam, e a porta lhes será aberta."

Lucas 11:9

"Vocês cobiçam coisas, e não as têm; matam e invejam, mas não conseguem obter o que desejam.

Vocês vivem a lutar e a fazer guerras. Não têm, porque não pedem. Quando pedem, não recebem, pois pedem por motivos errados, para gastar em seus prazeres."

Tiago 4:2,3

"Digo-lhes a verdade: Aquele que crê em mim fará também as obras que tenho realizado. Fará coisas ainda maiores do que estas, porque eu estou indo para o Pai.

E eu farei o que vocês pedirem em meu nome, para que o Pai seja glorificado no Filho.

O que vocês pedirem em meu nome, eu farei."

João 14:12-14

Embora a oração não se destine exclusivamente a pedir coisas para Deus, também serve para agradecer, louvar e buscar orientação divina, mas quando pedimos, nós estamos abrindo nosso coração e nossa vida para a intervenção amorosa de Deus.

A oração é uma **arma suprema**, como se fosse um **walkie-talkie** da **armadura de Deus** descrita no capítulo **6** do livro de **Efésios**, e com ela podemos nos conectar com o Pai, e também pedir reforço celestial dos poderosos seres que estão sujeitos ao comando de **Cristo** para nos ajudar com as nossas próprias lutas espirituais e até mesmo materiais.

"Orem no Espírito em todas as ocasiões, com toda oração e súplica; tendo isso em mente, estejam atentos e perseverem na **oração** por todos os santos."

Efésios 6:18

CAPÍTULO 06
A PROFUNDEZA DA FÉ EM DEUS

A VERDADEIRA REALIDADE É ESPIRITUAL

"No princípio, **Deus criou os céus e a terra**. A terra, entretanto, era sem forma e vazia. A escuridão cobria o mar que envolvia toda a terra, e o **Espírito de Deus** se movia sobre a face das águas."

Gênesis 1:1

Às vezes percebemos que nossa realidade não é tão firme quanto parece. A Bíblia nos dá indícios de que o mundo espiritual é a verdadeira realidade, ou seja, é a realidade primária ou primordial. Deus, que é Espírito, criou todas as coisas no mundo material. Portanto, podemos dizer que a realidade material se originou da realidade espiritual através da vontade e da ordem (**Verbo**) de Deus..

"Mas a hora está chegando, e de fato já chegou, em que os verdadeiros adoradores adorarão o Pai, **em espírito e em verdade**; pois são esses que o Pai procura para seus adoradores.

Deus é espírito, e é necessário que os seus adoradores o adorem **em espírito e em verdade**."

João 4:23-24

Nota-se que em várias passagens da Bíblia, como em **João 4:23-24**, há uma associação muito forte entre as palavras espírito e verdade. Em outras passagens, a palavra verdade se repete na mesma frase ao sair da boca de nosso mestre Cristo.

"**Em verdade, em verdade** vos asseguro: quem **ouve a minha Palavra** e **crê** naquele que me enviou tem a vida eterna, não entra em juízo, mas passou da morte para a vida."

João 5:24

"Eu ainda tenho **muitas verdades** que desejo vos dizer, mas seria demais para o vosso entendimento neste momento.

No entanto, quando o **Espírito da verdade** vier, **Ele vos guiará em toda a verdade**; porque não falará por si mesmo, mas dirá tudo o que tiver ouvido e vos revelará tudo o que está por vir.

O Espírito me glorificará, porque receberá do que é meu e vos anunciará. Tudo quanto o Pai tem, pertence a mim.

Por isso é que Eu disse que o Espírito receberá do que é meu e o revelará a vós. O sofrimento se tornará em alegria."

João 16:12-15

A repetição da palavra **verdade** reforça o que Jesus está dizendo como muito importante, como aprendemos a respeito da mente humana e na lei da semeadura. Observando esta parte: "**quem ouve a minha Palavra e crê naquele que me enviou...**", vemos que, **ouvir** e **crer** são peças-chave para alcançar e aumentar a nossa fé. Ouvir a Palavra e crer significa guardar o ensinamento no nosso subconsciente, onde esse ensinamento terá raízes mais profundas, sendo trazido à tona, sempre que precisarmos dele.

O salmista e rei Davi também escreveu no **Salmo 119** a respeito de **guardar** onde vemos o funcionamento mental e comportamental humano em guardar e praticar as lições deste salmo.

"Tua palavra eu tenho **escondida** no meu coração, para eu não pecar contra ti."

Salmos 119:11 (KJA)

"**Guardei** no coração a tua palavra para não pecar contra ti."

Salmos 119:11 (NVI)

A fé é uma **peça indispensável** da **armadura de Deus**, uma defesa tão essencial que a Bíblia a menciona repetidamente, enfatizando sua imensa importância.

Além disso, usem o escudo da fé, com o qual vocês poderão apagar todas as setas inflamadas do Maligno.

Efésios 6:16

Sem fé é impossível agradar a Deus, pois quem dele se aproxima precisa crer que ele existe e que recompensa aqueles que o buscam.

Hebreus 11:6

O QUE É FÉ?

"Ora, a fé é o **firme fundamento** das coisas que se esperam, e a **prova** das coisas que se não vêem."

Hebreus 11:1 (ACF)

"Ora, a **fé é a substância** das coisas pelas quais esperamos, a **evidência** das coisas não vistas."

Hebreus 11:1 (KJA)

"Ora, a **fé é a certeza** daquilo que esperamos e a **prova** das coisas que não vemos.
Pois foi por meio dela que os antigos receberam bom testemunho.

Pela fé entendemos que o universo foi formado pela palavra de Deus, de modo que o que se vê não foi feito do que é visível."

Hebreus 11:1-3 (NVI)

Podemos agradecer ao apóstolo Paulo e ao Espírito Santo, que o inspirou, por responder essa pergunta de uma forma tão simples e ao mesmo tempo tão profunda. Em uma primeira leitura, temos uma ideia geral do que é a fé, mas, ao prestarmos mais atenção, conseguimos perceber essa explicação de forma mais detalhada e suas aplicabilidades práticas.

Segundo o texto de Hebreus, a fé é uma substância, uma certeza, uma evidência e uma prova, um firme fundamento. Isso significa que se trata de algo palpável, real (portanto espiritual), que nos dá prova de que o que não vemos ainda, em relação àquilo que esperamos, é tão real agora quanto será no futuro. Quando se concretizar, também será percebido pelas pessoas que ainda não percebem.

Para aqueles que creem, o que é acreditado já faz parte da realidade, ou seja, já existe.

Cristo ensinou seus discípulos (e nós também) a entender e fazer uso da fé dessa mesma maneira:

"Portanto, eu digo: Tudo o que vocês pedirem em oração, creiam que já o receberam, e assim sucederá."

Marcos 11:24

"Jesus respondeu: "Eu lhes asseguro que, se vocês tiverem fé e não duvidarem, poderão fazer não somente o que foi feito à figueira, mas também dizer a este monte: 'Levante-se e atire-se no mar', e assim será feito.

E tudo o que pedirem em oração, se crerem, vocês receberão"."

Mateus 21:21-22

A fé também é representada como o escudo do cristão, quando Paulo (ou Saulo) fala sobre a armadura de Deus na sua carta para a igreja de Éfeso:

Além disso, usem o escudo da fé, com o qual vocês poderão apagar todas as setas inflamadas do Maligno.

Efésios 6:16

COMO ALCANÇAR E AUMENTAR A FÉ.

"De sorte que a fé vem pelo ouvir, e o ouvir pela palavra de Deus."

Romanos 10:17

Assim como plantar uma semente, nós plantamos (**ouvimos**) e cuidamos do plantio (**ouvimos novamente**). E ainda, "... ouvir **pela palavra de Deus**" significa meditar, permitindo que a **Palavra** penetre em nossas mentes, como dito em **Salmos 119:11**. Essa "penetração" é semelhante à de uma semente, que precisa ter uma profundidade mínima para se desenvolver dentro do solo.

Vemos em **Salmos 1:1-2** uma forma de garantir a fixação do ensinamento em nós, e em **Hebreus 4:12-14**, observamos uma profundidade ainda maior do que a da mente subconsciente, pois a Palavra de Deus "penetra até ao ponto de dividir alma e espírito..":

"Porque a palavra de Deus **é viva, e eficaz**, e **mais cortante** do que qualquer **espada de dois gumes**, e **penetra até ao ponto de dividir alma e espírito**, juntas e medulas, e é apta para discernir os pensamentos e intenções do coração.

Nem há criatura alguma que não se manifeste aos seus olhos; mas todas as coisas estão nuas e abertas aos olhos daquele com quem temos de tratar.

Visto, pois, que temos um grande sumo sacerdote, Jesus, o Filho de Deus, que penetrou nos céus, retenhamos a nossa confissão."

Hebreus 4:12-14

"Bem-aventurado o homem que não anda segundo o conselho dos ímpios, nem se detém no caminho dos pecadores, nem se assenta na roda dos escarnecedores.

Mas o seu prazer está na lei do Senhor; e **na sua lei medita dia e noite**."

Salmos 1:1-2

QUAL É O PODER DA FÉ?

A fé é um poder gigantesco, um dom sem limites que está disponível para uso imediato, concedido a nós para nos auxiliar a atingir nossos objetivos dentro dos nossos chamados. A fé também possui os seus propósitos.

"Se podes? ", disse Jesus. "**Tudo é possível àquele que crê.** "

Marcos 9:23

"Ele respondeu: "Por que a fé que vocês têm é pequena. Eu lhes asseguro que se vocês tiverem fé do tamanho de um grão de mostarda, poderão dizer a este monte: 'Vá daqui para lá', e ele irá. **Nada lhes será impossível**."

Mateus 17:20

Os textos de **Marcos 9:23** e **Mateus 17:20** falam a respeito de um menino que tinha um espírito que o atirava no chão, fazendo-o ranger os dentes e espumar pela boca. Eles também relatam como Jesus liberta o menino desse espírito. Para despertar a fé no pai do menino, Cristo lhe diz: "**Tudo é possível àquele que crê.**" Cristo explica que a fé, mesmo do tamanho de um grão de mostarda, é suficiente para realizar coisas grandiosas, como mandar um monte se mover, e ainda conclui para os discípulos que nada lhes será impossível.

> "Olhando para Jesus, **autor e consumador da fé**, o qual, pelo gozo que lhe estava proposto, suportou a cruz, desprezando a afronta, e assentou-se à destra do trono de Deus."
>
> **Hebreus 12:2**

Autor e consumador da fé significa que a origem da fé, assim como seu propósito, destino, finalidade ou desfecho, se concentram em uma única pessoa: **Cristo**, o **Verbo** da criação, que possivelmente usou a **fé** na criação de tudo. Sem Jesus, a fé não teria utilidade e nem existiria. Jesus originou a fé para nos favorecer e nos dar o enorme poder que ela possui. Além disso, Ele a usou crendo em si mesmo e no nosso Pai para mostrar aos homens o que é ter poder através da fé, e até morreu na cruz utilizando essa mesma fé. Isso é algo tão importante e intenso que revela e reforça a ideia de que o Filho e o Pai são o mesmo Deus.

A fé está relacionada com o dom do livre-arbítrio. Isso nos traz deveres e responsabilidades. O que temos feito com nossa fé? O que a nossa fé já produziu?

Mais do que usar a imaginação e a criatividade para exercer o poder da fé, o que é uma coisa excelente, sendo estes poderes da capacidade humana muito potentes, devemos também usar a fé com o poder da nossas palavras (outra coisa também poderosa) e principalmente a nossa ação, pois quando declaramos e agimos ativamos o resultado desejado através da fé.

Você pode começar a mudar sua realidade de forma praticamente instantânea com o poder da fé. Eu sei que existem muitas coisas que te distraem ou te enganam para que você não perceba ou entenda isso. Eu também preciso meditar nessas palavras e conceitos constantemente para continuar acreditando. Mas saiba que, se você focar sua mente e coração na Palavra, este poder já é seu. **Use-o**.

CAPÍTULO 07
ADMINISTRAÇÃO E FINANÇAS

CO-HERDEIROS E GESTORES DA CRIAÇÃO

Desde a criação do ser humano, a intenção do nosso Criador foi nos tornar administradores. Como vimos desde o começo deste livro, temos um propósito especial, mas também vários propósitos conectados, e um deles é ser administrador da criação de Deus, conforme visto em **Gênesis 1:26 e Gênesis 2:15.**

Um grande exemplo de administrador encontrado na Bíblia é José, filho de Israel (Jacó), que passou de escravo a servo, mordomo de Potifar, preso e, por fim, governador de todo o Egito, sendo inferior em poder apenas ao faraó.

> José havia sido levado para o Egito, onde o egípcio Potifar, oficial do faraó e capitão da guarda, comprou-o dos ismaelitas que o tinham levado para lá.
> O Senhor estava com José, de modo que este prosperou e passou a morar na casa do seu senhor egípcio.
> Quando este percebeu que o Senhor estava com ele e que o fazia prosperar em tudo o que realizava, agradou-se de José e tornou-o administrador de seus bens.
> Potifar deixou a seu cuidado a sua casa e lhe confiou tudo o que possuía.
>
> **Gênesis 39:1-4**

Assim como José no Egito se manteve firme e fiel aos seus senhores, temos também na Bíblia outro grande exemplo: uma menina que foi capturada como escrava. Mesmo assim, ela aconselhou seu senhor, Naamã, a buscar a cura para sua lepra através do profeta Eliseu em Israel.

Naamã, comandante do exército do rei da Síria, era muito respeitado e honrado pelo seu senhor, pois por meio dele o Senhor dera vitória à Síria. Mas esse grande guerreiro ficou leproso.

Ora, tropas da Síria haviam atacado Israel e levado cativa uma menina, que passou a servir à mulher de Naamã.

Um dia ela disse à sua senhora: "Se o meu senhor procurasse o profeta que está em Samaria, ele o curaria da lepra".

2 Reis 5:1-3

O próprio Mestre Jesus demonstrou a importância em servirmos uns aos outros.

Jesus sabia que o Pai havia colocado todas as coisas debaixo do seu poder, e que viera de Deus e estava voltando para Deus; assim, levantou-se da mesa, tirou sua capa e colocou uma toalha em volta da cintura.

Depois disso, derramou água numa bacia e começou a lavar os pés dos seus discípulos, enxugando-os com a toalha que estava em sua cintura.

João 13:3-5

A Igreja de Cristo recebeu como tarefa, além de anunciar e propagar o evangelho, este importante papel de despenseira. Se juntos somos a Igreja, também somos despenseiros do Pai:

"Cada um administre aos outros o dom como o recebeu, como bons despenseiros da multiforme graça de Deus."

1 Pedro 4:10

"Que os homens nos considerem como ministros de Cristo, e **despenseiros dos mistérios** de Deus."

1 Coríntios 4:1

"Ordene-lhes que pratiquem o bem, sejam ricos em boas obras, generosos e prontos para repartir."

1 Timóteo 6:18

"Atemorizado, Cornélio olhou para ele e perguntou: "Que é, Senhor? " O anjo respondeu: "Suas orações e esmolas subiram como oferta memorial diante de Deus."

Atos 10:4

Ser despenseiro significa ser a pessoa que tem acesso aos recursos para distribuí-los às pessoas da casa ou aos trabalhadores de um senhor. Normalmente, é o único ou um dos poucos empregados confiáveis para portar, ou seja, carregar consigo as chaves das dispensas, onde são guardados os alimentos e produtos de consumo. Mas, como podemos ver nos textos citados, isso não se resume apenas às coisas materiais. Os recursos podem incluir cuidar de pessoas, gestos de amor, ensinamentos e até mesmo a distribuição de dons.

PESSOAS SÃO PRECIOSAS

O mundo humano é dependente de muitas coisas, e uma delas é a parte social; essa é uma das nossas grandes necessidades, pois precisamos viver em sociedade.

Por essa razão, desde que as redes sociais na internet começaram, elas fizeram muito sucesso e continuam assim até os dias de hoje.

No mercado de trabalho, criamos uma rede de contatos profissionais que nos ajuda a compartilhar experiências e conseguir trabalho. Nessas redes de contatos profissionais, podemos notar que empresas e pessoas mostram cada vez mais interesse por habilidades sociais, chamadas de "soft skills", como linguagem corporal, assertividade, inteligência emocional, atenção plena, entre outras. Isso demonstra o quanto a parte social humana é importante na vida das pessoas.

Devido à grande importância dos fatores sociais, as forças das trevas têm trabalhado muito para destruir, distorcer e corromper a sociedade, onde notamos cada vez mais os valores e bons costumes sendo invertidos.

Por isso, temos que dar muita importância ao resgate de valores que a sociedade moderna insiste em descartar, como a valorização da família e os valores da igreja cristã. Como corpo de Cristo, precisamos viver em comunhão.

> "Como é bom e agradável quando os irmãos convivem em união!"
>
> **Salmos 133:1**

> "É melhor ter companhia do que estar sozinho, porque maior é a recompensa do trabalho de duas pessoas. Se um cair, o amigo pode ajudá-lo a levantar-se. Mas pobre do homem que cai e não tem quem o ajude a levantar-se!"
>
> **Eclesiastes 4:9,10**

> Atire o seu pão sobre as águas, e depois de muitos dias você tornará a encontrá-lo.
> Reparta o que você tem com sete, até mesmo com oito, pois você não sabe que desgraça poderá cair sobre a terra.
> Quando as nuvens estão cheias de água, derramam chuva sobre a terra. Quer uma árvore caia para o sul quer para o norte, no lugar em que cair ficará.

Quem observa o vento não plantará; e quem olha para as nuvens não colherá.

Assim como você não conhece o caminho do vento, nem como o corpo é formado no ventre de uma mulher, também não pode compreender as obras de Deus, o Criador de todas as coisas.

Plante de manhã a sua semente, e mesmo ao entardecer não deixe as suas mãos ficarem à toa, pois você não sabe o que acontecerá, se esta ou aquela produzirá, ou se as duas serão igualmente boas.

A luz é agradável, é bom ver o sol.

Por mais que um homem viva, deve desfrutar sua vida toda. Lembre-se, porém, dos dias de trevas, pois serão muitos. Tudo o que está para vir não faz sentido.

Eclesiastes 11:1-8

O reino de Deus é feito de pessoas, e são as pessoas que nos cercam que representam Cristo, no que diz respeito a testar o nosso comportamento e relacionamento com o nosso Mestre, veja:

Quando o Filho do homem vier em sua glória, com todos os anjos, assentar-se-á em seu trono na glória celestial.

Todas as nações serão reunidas diante dele, e ele separará umas das outras como o pastor separa as ovelhas dos bodes.

E colocará as ovelhas à sua direita e os bodes à sua esquerda.

Então o Rei dirá aos que estiverem à sua direita: 'Venham, benditos de meu Pai! Recebam como herança o Reino que lhes foi preparado desde a criação do mundo.

Pois eu tive fome, e vocês me deram de comer; tive sede, e vocês me deram de beber; fui estrangeiro, e vocês me acolheram;

necessitei de roupas, e vocês me vestiram; estive enfermo, e vocês cuidaram de mim; estive preso, e vocês me visitaram'.

Então os justos lhe responderão: 'Senhor, quando te vimos com fome e te demos de comer, ou com sede e te demos de beber?

Quando te vimos como estrangeiro e te acolhemos, ou necessitado de roupas e te vestimos?

Quando te vimos enfermo ou preso e fomos te visitar?'

O Rei responderá: 'Digo-lhes a verdade: o que vocês fizeram a algum dos meus menores irmãos, a mim o fizeram'.

Mateus 25:31-40

As famílias e as pessoas na sociedade se sentem cada vez mais desvalorizadas e oprimidas. Muitos acreditam que somos apenas meros mortais sem muito valor para agregar ao mundo ao nosso redor. No entanto, sabemos que essas mentiras são destinadas a desmotivar e enganar as pessoas. Parte de nossa missão é mostrar a essas pessoas que elas têm muito valor e importância, que são parte de algo grandioso. Também devemos compartilhar com elas as boas notícias de Deus sobre Cristo e a salvação, desmascarando todas essas mentiras.

FLUXO E ACÚMULO:
A RESPONSABILIDADE DE POUPAR

Como já vimos anteriormente, o universo trabalha muito bem com circulação fluída, transformação e capitalização de recursos, funcionando como um grande sistema de fluxo e acumulação, onde energia, matéria e outros recursos estão em constante movimento. Um exemplo disso é a energia elétrica: ela pode ser gerada (transformada), transmitida, consumida e armazenada em baterias e capacitores. Da mesma forma, a criação nos mostra o ciclo da água, onde a água evapora, condensa, chove e é armazenada em rios e oceanos. Para prosperar nesse sistema, é essencial não apenas gerar riqueza ou utilidade através do movimento, mas também acumulando, assim como fazemos com a energia elétrica e a água, outro exemplo interessante é a **gordura**, um complexo composto orgânico, quimicamente falando, que possui, entre muitas finalidades, a de preservar energia dentro dos seres vivos. A riqueza precisa ser gerada, administrada e preservada para garantir a prosperidade em longo prazo.

A **gordura** é citada muitas vezes na Bíblia e pode ser usada como símbolo para fartura de forma geral:

O sacerdote queimará essas partes no altar como alimento oferecido ao Senhor. É uma oferta de aroma agradável. Toda gordura pertence ao Senhor.

Levítico 3:16

Ordene aos israelitas que tragam azeite puro de olivas batidas para a iluminação, para que as lâmpadas estejam sempre acesas.

Êxodo 27:20

> Preparas um banquete para mim à vista dos meus inimigos. Tu me honras, ungindo a minha cabeça com óleo; o meu cálice transborda.
>
> **Salmos 23:5**

As gorduras, conhecidas como **lipídeos** nas ciências, também servem para ilustrar ou representar **cura**, como remédios, como energia e iluminação em forma de combustível para lâmpadas. Além disso, são utilizadas em perfumes caros, como extratos de plantas aromáticas e animais, e na conservação de alimentos de quando não havia geladeira até nos dias de hoje. São fontes de calor e energia, como na produção de fogo ou em forma de combustível para veículos. São tantas as utilidades da gordura e tantas referências bíblicas sobre ela, que penso em escrever mais materiais sobre esse tema no futuro.

Estudos mostram que a maioria das pessoas gasta mais do que ganha, muitas vezes devido a gastos excessivos e impulsivos buscando satisfação momentânea através do consumo excessivo. De acordo com a pesquisa do **Instituto de Pesquisa Econômica Aplicada (IPEA) de 2019**, 48,9% dos brasileiros estavam endividados. Essa busca desenfreada por bens materiais pode nos levar a repetidas contrações de dívidas e insatisfação. A Bíblia, por sua vez, nos ensina que a verdadeira riqueza vem de dentro e está ligada a uma vida de propósito e gratidão. Ao invés de acumular bens materiais, devemos buscar construir um patrimônio espiritual e financeiro que nos permita viver uma vida abundante e significativa.

> **Referência:** INSTITUTO DE PESQUISA ECONÔMICA APLICADA (IPEA). *Endividamento das Famílias Brasileiras.* Relatório de 2019.

"Observe a formiga, preguiçoso, reflita nos caminhos dela e seja sábio!

Ela não tem nem chefe, nem supervisor, nem governante, e ainda assim armazena as suas provisões no verão e na época da colheita ajunta o seu alimento.

Até quando você vai ficar deitado, preguiçoso? Quando se levantará de seu sono?"

Provérbios 6:6-9

Em **Provérbios 6:6-9**, vemos que Salomão não se refere apenas à **preguiça** em relação ao trabalho físico, mas também, e principalmente, à **preguiça mental**, ou à preguiça de pensar e analisar as coisas da vida. Ele enfatiza a importância de sempre aplicar a sabedoria como base antes de agir. Estes outros provérbios também reforçam a ligação entre sabedoria e o ato de acumular riquezas:

"As formigas, criaturas de pouca força, contudo, armazenam sua comida no verão; "

Provérbios 30:25

"Na casa do sábio há **comida** e **azeite armazenados**, mas o tolo devora tudo o que pode."

Provérbios 21:20

Na multiplicação dos pães e peixes, o próprio Mestre Jesus ensina na prática o ato de não desperdiçar e de guardar o alimento, quando dá uma ordem clara para seus discípulos sobre como proceder em relação ao que tinha sobrado:

"Depois que todos receberam o suficiente para comer, disse aos seus discípulos: "Ajuntem os pedaços que sobraram.

Que nada seja desperdiçado". Então eles os ajuntaram e encheram doze cestos com os pedaços dos cinco pães de cevada deixados por aqueles que tinham comido."

João 6:12,13

A gordura existe por motivos específicos, e porque Deus tem propósitos para ela cumprir na criação. Passe a olhar para a gordura com carinho, pois, como vimos, é algo que agrada muito a Deus.

Que a 'bênção de **gordura**', ou seja '**de fartura**', esteja sobre todas as pessoas. E em especial, que Deus te abençoe com esta e todas as outras bênçãos, também a tua família, teus amigos e todas as pessoas que tiverem contato contigo.

COMO GUARDAR NA PRÁTICA?

DICAS PRÁTICAS SIMPLES:
Gastar apenas o necessário

🐖	Não desperdiçar os recursos
🐖	Calcular o quanto se consegue guardar para ter motivação necessária
🐖	Não utilizar o que já juntou, a não ser que seja uma emergência ou uma grande oportunidade.

Costuma-se dizer que uma pessoa de sucesso teve sorte, e pode até ser o caso, mas a explicação por traz disso é que sempre que uma boa oportunidade surge, a pessoa em questão já estava bem preparada, inclusive financeiramente.

Por que será que a maioria das pessoas, apesar de saber da importância de fazer reservas, não consegue colocar em prática esse bom hábito?

Existem muitas explicações, que na maioria das vezes outras pessoas consideram apenas desculpas. Mas vou falar de um motivo real e que pode estar por trás de todas essas desculpas: a dificuldade em priorizar os gastos e o consumo dos bens.

A falta de prioridades ou a falha em saber priorizar indica que uma pessoa, quase sempre, tenta priorizar tudo. E quando tentamos tornar tudo prioridade máxima, de fato não priorizamos nada. Pelo contrário, tudo se torna complicado e confuso. É necessário atribuir menor importância para muitas coisas a fim de dar mais importância para outras poucas coisas.

Sim, é muito difícil separar e classificar a importância de cada coisa na nossa vida, mas podemos começar pelas coisas mais simples em primeiro lugar e depois, gradualmente, seguir para as coisas mais complicadas.

Por exemplo, entre pagar uma conta ou fazer uma nova compra, devemos escolher primeiro pagar a conta da compra que já fizemos.

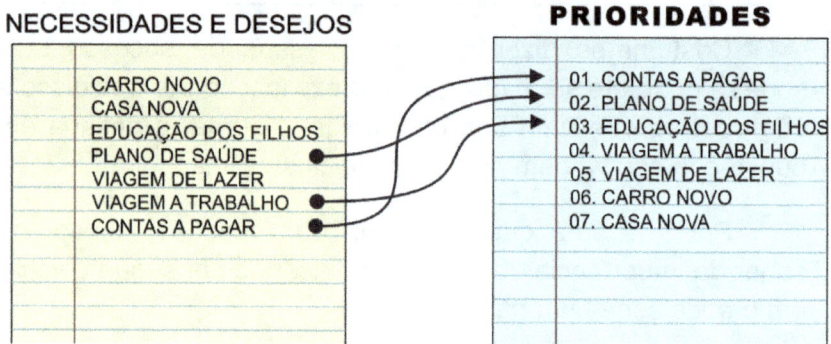

Podemos utilizar também o princípio da escassez para nos ajudar a priorizar e economizar nossos recursos (dinheiro, comida, combustível, créditos e assim por diante), criando uma lista escrita e atribuindo números ou uma pontuação de importância, o que pode nos ajudar a organizar e decidir sobre essa lista. O universo da criação trabalha com a movimentação de seus recursos, e é comum que esses recursos oscilem entre a abundância e a escassez. No entanto, tudo depende de onde estivermos olhando. Se olharmos o circuito completo, veremos uma abundância constante em movimentação entre os ciclos. Isso pode, e deve ser copiado para o nosso dia a dia, ajudando-nos em nossas escolhas e também para saber olhar nos pontos e momentos certos, ou pelo menos de uma forma mais acertada e com sabedoria.

JOSÉ E O SONHO DE FARAÓ:
PROBLEMAS VIRAM OPORTUNIDADES

"Ao final de dois anos, o faraó teve um sonho: Ele estava em pé junto ao rio Nilo, quando saíram do rio sete vacas belas e gordas, que começaram a pastar entre os juncos.

Depois saíram do rio mais sete vacas, feias e magras, que foram para junto das outras, à beira do Nilo. Então as vacas feias e magras comeram as sete vacas belas e gordas. Nisso o faraó acordou.

Tornou a adormecer e teve outro sonho: Sete espigas de trigo, graúdas e boas, cresciam no mesmo pé.

Depois brotaram outras sete espigas, mirradas e ressequidas pelo vento leste.

As espigas mirradas engoliram as sete espigas graúdas e cheias. Então o faraó acordou; era um sonho."

Gênesis 41:1-7

Como foi citada antes, esta é uma das histórias da Bíblia que, se você ainda não conhece, recomendo a leitura na íntegra. A narrativa conta a vida de um homem, José, que tinha um propósito muito importante para o povo de Israel e os povos daquela época.

Israel, que também é o nome do pai de José, anteriormente chamado Jacó, teve doze filhos, dos quais José era um dos mais queridos.

José cresceu passando pela separação de sua família, pois foi vendido como escravo pelos seus próprios irmãos. Ele se tornou serviçal, foi preso, e com essa oportunidade, devido ao sonho do faraó do Egito, passou a governar usando o dom de interpretar sonhos e a sabedoria que Deus lhe havia dado.

UM CONSELHO MUITO SÁBIO:
GERAR PROVISÕES!

Em nossa sociedade, obter informações privilegiadas é algo tão poderoso que pode ser considerado um ato criminoso em alguns casos. Políticos, empresários, celebridades e indivíduos de destaque social podem se beneficiar excessivamente ao ter acesso e ao utilizar essas informações, podendo prejudicar outras pessoas ou grupos econômicos.

> **Referência**: SILVA, M. A.; SANTOS, J. R. *O uso indevido de informações privilegiadas no mercado de capitais brasileiro.* **Revista de Direito Empresarial**, São Paulo, v. 10, n. 2, p. 50-70, 2023. Disponível em: SciELO. Acesso em: 10 mar. 2024.

Mas José conseguiu obter informações privilegiadas, de forma honesta e legítima, ao usar sua sabedoria e inspiração de Deus ao interpretar o sonho de Faraó, demonstrando conhecimento sobre os ciclos de abundância e escassez e a dinâmica do movimento e fluxo de transformações e acúmulo, de como o universo realmente opera.

Além de aconselhar o faraó a guardar provisões, José aproveitou para demonstrar sua grande sabedoria, indicando ao faraó a melhor forma e o momento certo para agir.

"Procure agora o faraó um homem criterioso e sábio e coloque-o no comando da terra do Egito.

O faraó também deve estabelecer supervisores para **recolher um quinto da colheita do Egito** durante os sete anos de fartura.

Eles deverão recolher o que puderem nos anos bons que virão e fazer estoques de trigo que, sob o controle do faraó, serão armazenados nas cidades.

Esse estoque servirá de reserva para os sete anos de fome que virão sobre o Egito, para que a terra não seja arrasada pela fome."

Gênesis 41:33-36

A QUINTA PARTE:
O PRINCÍPIO DE PARETO ANTES DE SEU TEMPO

O princípio de Pareto, também chamado de regra do 80/20, sugere que uma pequena porcentagem das causas, cerca de 20%, é responsável por uma grande parte dos efeitos, aproximadamente 80% (1). Esse princípio foi nomeado em homenagem ao economista italiano **Vilfredo Pareto**, que observou que 80% das terras na Itália pertenciam a 20% da população (2). Ele estendeu suas pesquisas a outros países e descobriu que padrões semelhantes ocorriam em várias regiões do mundo (2). Na economia, essa ideia pode ser aplicada para mostrar que uma parte pequena dos esforços pode produzir a maior parte dos resultados (3).

Referências: (1) **JURAN, J. M.** *Quality Control Handbook.* New York: McGraw-Hill, 1951.

(2) **PARETO, Vilfredo.** *Manual of Political Economy.* New York: A. M. Kelley, 1906.

(3) **Koch**, *The 80/20 Principle: The Secret to Achieving More with Less*, 1998.

Obviamente, na época de José, esse fenômeno não tinha esse nome, "**Princípio de Pareto**", pois se passaram muitos anos antes de Vilfredo Pareto ter nascido. Mas, de alguma forma, José já conhecia seus efeitos práticos. Talvez os povos antigos já tivessem conhecimento desse fenômeno. Ou então José poderia ter aprendido isso – os vinte por cento ou a quinta parte – com seu pai, Israel (Jacó), ou então lhe foi revelado por Deus no momento que interpretou o sonho do faraó. Seja como for, José sabia!

O plano pareceu bom ao faraó e a todos os seus conselheiros.
Por isso o faraó lhes perguntou: "Será que vamos achar alguém como este homem, em quem está o espírito divino?"
Disse, pois, o faraó a José: "Uma vez que Deus lhe revelou todas essas coisas, não há ninguém tão criterioso e sábio como você.
Você terá o comando de meu palácio, e todo o meu povo se sujeitará às suas ordens.
Somente em relação ao trono serei maior que você".

E o faraó prosseguiu: "Entrego a você agora o comando de toda a terra do Egito".

Gênesis 41:37-41

A provisão de alimento tornou-se essencial para todos e passou a ser, além de um estoque, um **investimento lucrativo**. As pessoas se sentiram beneficiadas e felizes, mesmo tendo que vender suas propriedades e sua mão de obra ao Egito, pois José não as oprimia, cobrando delas apenas o que lhes parecia justo: os **vinte por cento**.

"Assim José estocou muito trigo, como a areia do mar. Tal era a quantidade que ele parou de anotar, porque ia além de toda medida."

Gênesis 41:49

Quando o período de escassez chegou o povo foi pedir ajuda para José nas terras do Egito:

Quando toda a prata do Egito e de Canaã se esgotou, todos os egípcios foram suplicar a José: "Dá-nos comida! Não nos deixes morrer só porque a nossa prata acabou".

E José lhes disse: "Tragam então os seus rebanhos, e em troca lhes darei trigo, uma vez que a prata de vocês acabou".

E trouxeram a José os rebanhos, e ele deu-lhes trigo em troca de cavalos, ovelhas, bois e jumentos. Durante aquele ano inteiro ele os sustentou em troca de todos os seus rebanhos.

O ano passou, e no ano seguinte voltaram a José, dizendo: "Não temos como esconder de ti, meu senhor, que uma vez que a nossa prata acabou e os nossos rebanhos lhe pertencem, nada mais nos resta para oferecer, a não ser os nossos próprios corpos e as nossas terras.

Gênesis 47:15-18

O plano de José permitiu ao Faraó e ao governo do Egito obter riquezas como bens, propriedades e até mesmo servos e trabalhadores, muito além do que o Faraó ou alguém poderia ter imaginado.

O próprio povo suplicava pelo sustento:

"Não deixes que morramos e que as nossas terras pereçam diante dos teus olhos!

Compra-nos, juntamente com as terras, em troca de trigo, e nós, com as nossas terras, seremos escravos do faraó.

Dá-nos sementes para que sobrevivamos e não morramos de fome, a fim de que a terra não fique desolada".

Gênesis 47:19

E Jose os atendia ao mesmo passo que comprava suas riquezas para Faraó e a nação do Egito:

Assim, José comprou todas as terras do Egito para o faraó.

Todos os egípcios tiveram que vender os seus campos, pois a fome os obrigou a isso.

A terra tornou-se propriedade do faraó. Quanto ao povo, José o reduziu à servidão, de uma à outra extremidade do Egito.

Gênesis 47:20-21

Percebe-se que o povo continuou trabalhando nas mesmas condições do período da fartura, pagando como tributo a **quinta parte** (o dobro do valor de um dízimo), um valor que, sabendo da sua importância, ninguém ousou dizer ser um imposto pesado, nem na época de fartura, nem na época de escassez. Agora suas terras e propriedades pertenciam ao faraó e ao governo do Egito, e eram servos subordinados a esse governo.

Então José disse ao povo: "Ouçam! Hoje comprei vocês e suas terras para o faraó; aqui estão as sementes para que cultivem a terra.

Mas vocês darão a quinta parte das suas colheitas ao faraó.

Os outros quatro quintos ficarão para vocês como sementes para os campos e como alimento para vocês, seus filhos e os que vivem em suas casas"."

Gênesis 47:23-24

Podemos facilmente perceber que a história de José, em toda a sua trajetória, foi marcada por obediência e muita sabedoria. Ele foi usado por Deus para promover um grande livramento ao povo de Deus, e também a outros povos, em relação a um período muito difícil de fome, que afligiu muitos povos de toda a terra naquela época. Essa sabedoria e obediência fizeram com que José utilizasse a economia, que também funcionou como uma forma de investimento. Embora o foco não fosse financeiro, o objetivo claro era salvar vidas e ajudar as pessoas.

Ajudar pessoas é um princípio, um segredo revelado para a prosperidade e felicidade. Trata-se de um "propósito" nobre.

Poupar funciona muito bem com investir e ajudar pessoas. Isso faz parte do que aprendemos sobre dar e receber, aprender a fazer o bem (**Isaías 1:17**), e a alegria de doar e ajudar os outros.

CAPÍTULO 08
INVESTIMENTO E CRÉDITO

O QUE SIGNIFICA INVESTIR?

Significa usar uma parte dos seus recursos, seja pouco ou seja muito, para aplicar em alguma finalidade, projeto, pessoa ou grupo de pessoas. Investir sempre será relacionado a retorno ou multiplicação, mesmo que o resultado não seja exatamente aquilo que foi investido. Podemos investir de várias formas ou maneiras diferentes, e nem sempre se trata apenas de dinheiro. Podemos investir tempo, afeto, objetos, oração, intercessão, trabalho, estudo, favores, educação, cordialidade e até emoções.

Um exemplo de investimento que eu gosto de usar: um pai ou mãe quando dá um presente para seu filho. O retorno desse investimento pode ser também ser muita coisa diferente. Como, por exemplo, a alegria do pai ou mãe ao ver o quanto o filho gostou do presente, ou então o gesto de gratidão dos filhos, ou ainda ver o benefício que aquele presente causará no crescimento, no conhecimento ou aperfeiçoamento da vida dos filhos.

Mas, falando do ponto de vista financeiro, podemos também dizer que o investimento é a aplicação de capital com a intenção de obter lucros, rendimentos ou retornos financeiros em geral. Quando investimos, apesar da nossa expectativa de retorno financeiro, estamos na verdade ajudando algum negócio, empresa ou ideia a atender uma necessidade de produto ou serviço no mundo dos negócios ou no dia a dia de muitas pessoas. É um dos diversos tipos de parceria que funciona muito bem, onde o retorno financeiro desejado é uma recompensa criada para atrair essa parceria. Não há nada de depreciativo nisso. Trata-se apenas de um negócio entre as partes, como qualquer outro tipo de negócio legal.

Muitas pessoas, infelizmente, acreditam que esse tipo de coisa, ou seja, investir e buscar crescimento financeiro são práticas erradas, ou que é uma coisa mesquinha. Alguns até acham que isso seja pecado.

Eu espero que esse não seja o seu caso, mas se você acha que é errado ou se sente mal por desejar ter riqueza e abundância, tenho uma ótima notícia para você: não é errado e nem mesmo pecado querer ser abençoado financeiramente. Até porque fazemos isso, o ato de investir, quando trabalhamos, quando estudamos, quando plantamos, quando damos atenção para alguém e por aí vai. Investir está diretamente ligado a Lei da semeadura.

Agora, aquele que ministra a semente ao semeador, ministra pão para o seu alimento, e multiplica a sua semente plantada, e aumenta os frutos da sua justiça.

Sendo enriquecidos em tudo para toda a generosidade, que por nosso intermédio causa ações de graças a Deus.

2 Coríntios 9:10,11

Mas quais são os motivos pelos quais, muitos de nós adquirimos essa mentalidade de desejo pela pobreza ou falta de recursos?
Suponho a seguinte lista das possíveis causas:

- As muitas religiões e ensinos religiosos que normalizaram o sofrimento e a falta.
- Filosofias e ideologias de destruição e manipulação das pessoas e das famílias.
- Política e lideranças que buscam o controle sobre a vida das pessoas.
- "O politicamente correto" e as diversas narrativas mentirosas dos corruptos sobre distribuição de renda.
- As mentiras das mídias sobre os todos ricos serem perversos e exploradores dos mais pobres.
- O sistema corrompido de ensino.

- Etc.

Eu mesmo já ouvi pessoas que eram importantes para mim na ocasião, como familiares, professores e jornalistas de televisão, pronunciarem com desgosto ou enfatizarem que a especulação nos mercados de ações era uma prática repugnante e mesquinha. Além disso, falavam que os ricos e milionários eram todos pessoas perversas, cruéis e opressoras dos mais pobres. Hoje entendo que tudo isso era apenas um monte de bobagens. Sei que realmente existem pessoas que oprimem e são perversas, mas sei também que nem todos os ricos são assim, da mesma maneira que não posso achar que todos os pobres são 'bonzinhos' e heróis só por serem pobres.

Como o objetivo deste livro não é criticar nenhuma religião, sistema, ideologia ou política, mas apenas conscientizar que esse ensino distorcido, sobre ter riqueza ser algo feio e que faz as pessoas se sentirem mal por desejar algo a mais, está longe do que Deus quer para nós. Da mesma forma, acreditar que a riqueza do mundo pode acabar, assim como achar que devemos viver uma vida de privações e sofrimentos sem fim, não está nem perto da verdade.

É claro que teremos momentos de muita luta e dor, isso pode fazer parte do nosso chamado, mas a Bíblia nos garante muitas vitórias. Não devemos ter medo nem receio de investir, pois não há nada de errado nisso. Pelo contrário, essa é uma forma sensata de viver com honestidade e trabalho, e também pode ser a forma como Deus pode te usar para ajudar as pessoas que precisam, inclusive as que estão à sua volta.

PARÁBOLA SOBRE INVESTIR:
O MATERIAL E O ESPIRITUAL SE UNEM

> Porque isto é também como um homem que, partindo para fora da terra, chamou os seus servos, e entregou-lhes os seus bens.
>
> E a um deu cinco talentos, e a outro dois, e a outro um, a cada um segundo a sua capacidade, e ausentou-se logo para longe.
>
> E, tendo ele partido, o que recebera cinco talentos negociou com eles, e granjeou outros cinco talentos.
>
> Da mesma sorte, o que recebera dois, granjeou também outros dois. Mas o que recebera um, foi e cavou na terra e escondeu o dinheiro do seu senhor.
>
> **Mateus 25:14-18**

Nesta passagem, vemos que cada um dos servos recebeu a mesma missão de serem multiplicadores, embora cada um tenha recebido quantidades diferentes. Perceba que há uma mesclagem entre o significado material e espiritual. A intenção de Cristo nesse texto foi proposital; Ele utilizou a figura material do dinheiro, chamada de **'talento'**, que pode significar uma habilidade ou dom espiritual. Podemos analisar essas dimensões de forma separada se quisermos, mas nunca descartar a interpretação que une o material e o espiritual.

Nesta imagem, vemos uma representação aproximada das quantidades de moedas de prata, como descrito nos textos bíblicos, em montes separados sobre um piso ou superfície de madeira.

O primeiro monte, o menor, seria equivalente ao valor de uma mina; o segundo monte, o maior, ao valor de um talento.

MOEDA DE PRATA	PESO / MASSA	EQUIVALE NA PRÁTICA	EQUIVALE EM MOEDA
1 Denário Romano	3,85g	1 dia de trabalho	1 Dracma
1 Dracma Grego	3,40g	1 dia de trabalho	1 Denário
1 Siclo	11,00g	+3 dias de trabalho	3,5 Dracmas
1 Mina	340g / 570g	100 dias de trabalho	100 Dracmas / 50 Ciclos
1 Talento	26kg	6 a 19 anos de trabalho	60 minas / 6000 Denários
1 Talento de prata vale por volta de **R$ 153.400,00** (cotação da prata em gramas x peso de 26 mil gramas).			
1 dia de trabalho corresponde ao trabalho bruto de um lavrador nos tempos de **Cristo**			

Nesta tabela, vemos comparações e informações importantes sobre moedas e unidades monetárias utilizadas na época do texto bíblico, e o que elas representavam na prática em termos de tempo de trabalho de um lavrador, que era uma base de comparação comum.

> E muito tempo depois veio o senhor daqueles servos, e fez contas com eles.
> Então aproximou-se o que recebera cinco talentos, e trouxe-lhe outros cinco talentos, dizendo: Senhor, entregaste-me cinco talentos; eis aqui outros cinco talentos que granjeei com eles.
> E o seu senhor lhe disse: Bem está, servo bom e fiel. Sobre o pouco foste fiel, sobre muito te colocarei; entra no gozo do teu senhor.
> E, chegando também o que tinha recebido dois talentos, disse: Senhor, entregaste-me dois talentos; eis que com eles granjeei outros dois talentos.
> Disse-lhe o seu senhor: Bem está, bom e fiel servo. Sobre o pouco foste fiel, sobre muito te colocarei; entra no gozo do teu senhor.
> **Mateus 25:19-21**

Os bons servos haviam multiplicado os recursos que seu senhor lhes havia entregado. Infelizmente, nem todos têm as mesmas atitudes de sucesso:

> Mas, chegando também o que recebera um talento, disse: Senhor, eu conhecia-te, que és um homem duro, que ceifas onde não semeaste e ajuntas onde não espalhaste;
> E, atemorizado, escondi na terra o teu talento; aqui tens o que é teu.
> Respondendo, porém, o seu senhor, disse-lhe: Mau e negligente servo; sabias que ceifo onde não semeei e ajunto onde não espalhei?
> Devias então ter dado o meu dinheiro aos banqueiros e, quando eu viesse, receberia o meu com os juros.

Tirai-lhe pois o talento, e dai-o ao que tem os dez talentos.

Porque a qualquer que tiver será dado, e terá em abundância; mas ao que não tiver até o que tem ser-lhe-á tirado.

Lançai, pois, o servo inútil nas trevas exteriores; ali haverá pranto e ranger de dentes.

Mateus 25:24-30

Sabemos que essas parábolas têm mais a ver com o mundo espiritual do que com o material. Ou seja, falam da salvação das almas, da pregação do evangelho e do Reino de Deus. Mas seria um descuido não considerar também o lado material, pois Jesus utilizou um conhecimento que os discípulos já possuíam ou poderiam adquirir. Ele comparou o mundo material com o espiritual para revelar o que acontece no mundo material dos negócios, demonstrando a sabedoria de um empregador (senhor) e de seus servos, além das consequências da falta de sabedoria, aliada ao medo.

Vamos nos colocar no lugar do personagem que representa o senhor dos servos:

- **Entregou seus bens:** Jesus entregou sua vida e nos deu a graça; o senhor delega responsabilidades e recursos para o trabalho aos servos.

- **Dividiu os bens conforme a capacidade de cada um:** Dons e responsabilidades usando a meritocracia, o sistema de concessão de crédito que conhecemos. Certamente esse senhor conhecia ou tinha uma ideia da capacidade dos seus servos.

- **Retornou depois de muito tempo:** A volta de Jesus, tempo suficiente para se trabalhar e espalhar o evangelho, considerar o futuro a longo prazo, e testar a fé e a esperança.

- **Fez as contas com eles**: Demonstração de justiça para recompensar ou punir por resultados, julgamento, controle, ou avaliação final.

- **Fostes fiel no pouco**: O senhor dos servos chama tal fortuna (por volta de seis mil moedas de prata, no mínimo) de pouco. Por quê? A resposta é simples: os bons servos poderiam, se quisessem, omitir um pouco do valor que granjearam para si sem que o senhor percebesse, mas eles apresentaram resultados excelentes, dobrando o investimento inicial. O senhor soube que estavam sendo honestos ao superarem sua expectativa. Se uma pessoa é desonesta quando o valor é menor, pior ainda será se o valor administrado for mais alto.

- **Sobre o muito te colocarei**: Ao demonstrar capacidade e bons resultados, o servo pode assumir cargos melhores ou maior responsabilidade e reconhecimento. O primeiro desafio é apenas um teste para uma conquista maior em seguida.

- **Entra no gozo do seu senhor**: Representa herdar a vida eterna com Deus, se alegrar ou banquetear, aproveitar a riqueza/salvação adquirida, tornar-se sócio ou coparticipante do negócio ou empresa.

Pensando nos servos:

- **Negociou com eles (os bens)**: Exige coragem, fé, sabedoria e habilidade para assumir riscos de negócios, e o mesmo para pregar o evangelho visando o máximo de ganhos/almas que se possa conseguir. Algumas versões da Bíblia contêm a palavra "imediatamente," significando prontidão, empolgação e proatividade.

- **Mas o que recebeu um...**: Representa a exceção, o que deu errado. Atitude de medo, falta de fé, falta de sabedoria, comodismo, covardia, pessimismo. Foi imprudente tentando ser prudente, solução precipitada, falta de esforço. O próprio senhor o chamou de negligente, mau (ruim) e inútil.
- **Foi tirado o talento de um e foi dado ao outro**: Meritocracia, e Efeito Mateus (vamos abordar esse tema adiante), recompensa vs. penalidade, sistema de concessão de crédito. O pior servo ficou em dívida enquanto o melhor servo conquistou renome e participação nos lucros. Devemos investir no melhor negócio (servo mais capaz). Nos ensina ser generoso, pois a severidade do senhor nos indica o quão sério é o ministério do evangelho de Cristo e sua tamanha relevância para Deus.

Podemos entender que temos a obrigação de ter uma vida de abundância para poder distribuí-la.

Vocês serão enriquecidos de todas as formas, para que possam ser generosos em qualquer ocasião e, por nosso intermédio, a sua generosidade resulte em ação de graças a Deus.

2 Coríntios 9:11

Pois vocês conhecem a graça de nosso Senhor Jesus Cristo que, sendo rico, se fez pobre por amor de vocês, para que por meio de sua pobreza vocês se tornassem ricos.

2 Coríntios 8:9

E aos que predestinou, também chamou; aos que chamou, também justificou; aos que justificou, também glorificou.

Que diremos, pois, diante dessas coisas? Se Deus é por nós, quem será contra nós?

Aquele que não poupou a seu próprio Filho, mas o entregou por todos nós, como não nos dará juntamente com ele, e de graça, todas as coisas?

Romanos 8:30-32

O que significa **'Lançai o servo inútil nas trevas exteriores'**?

Poderia ser condenação eterna, lago de fogo. **Trevas** podem significar também, neste contexto, solidão, prisão, abandono e esquecimento das pessoas. **Ranger de dentes** pode significar qualquer tipo de sofrimento, como doenças, dores, traumas, dívidas, fome, etc. **Exteriores** significam do lado de fora, excluído, expulso, rejeitado.

Podemos deduzir que o senhor tinha a intenção de encorajar seus servos a desenvolver seus **'talentos'** e, além disso, torná-los seus sócios, o que o tornaria ainda mais rico. Jesus quer que nós nos envolvamos na obra de Deus da mesma forma que os bons servos da parábola.

O QUE É O EFEITO MATEUS?

Na sociologia, o efeito **Matthew** (ou vantagens acumuladas) é o fenômeno que explica porque 'os ricos ficam mais ricos e os pobres ficam mais pobres'. É usado metaforicamente para se referir a questões de fama e status, mas também pode ser usado para literalmente se referir à acumulação de capital. O termo foi cunhado inicialmente pelo sociólogo **Robert K. Merton** em **1968** e tira o seu nome da parábola dos talentos no evangelho segundo **Mateus** que estamos abordando aqui.

Referência: Merton, R.K., 1968, *'The Matthew Effect in Science'*, Science, 159 (3810), 56-63).

Esse efeito pode ser observado nos reinos da criação de Deus (seres vivos), nos esportes, nos negócios e em várias outras áreas, sendo notado sempre que houver algum tipo de competição ou comparação de resultados. Por exemplo, nos esportes, o atleta que começa a treinar mais cedo acumula mais vantagens, o que traz mais oportunidades de concorrer e treinar mais, criando um efeito 'bola de neve'. Uma pequena vantagem inicial pode levá-lo a acumular outras vantagens e, ao longo do desenvolvimento do atleta, fará com que outros tenham muita dificuldade de alcançar ou ultrapassar seu progresso.

Nos negócios, suponhamos que existam duas empresas do mesmo ramo iniciando numa mesma cidade ao mesmo tempo. Uma delas consegue aplicar uma boa campanha publicitária primeiro. Essa pequena vantagem traz mais clientes e destaque para ela, e ela reaplica os resultados em campanhas cada vez maiores e melhores, de modo que a outra empresa terá muita dificuldade de acompanhar ou ultrapassar o sucesso daquela que já se destacou mais.

Nas finanças, esse efeito pode ser observado na quantidade de dinheiro que se acumula quanto mais o tempo passa, ou quanto mais cedo o dinheiro for aplicado para ter rendimentos. Da mesma maneira, em relação às dívidas, quanto mais tempo passa, mais juros se acumulam sobre a dívida.

O '**Efeito Mateus**' ajuda muito a entender o que é dito em Apocalipse a respeito da justiça e da santidade, ou a falta de ambas:

Continue o injusto a praticar injustiça; continue o imundo na imundícia; continue o justo a praticar justiça; e continue o santo a santificar-se".

Apocalipse 22:11

COMO VENCER SOB O EFEITO MATEUS?

Muitos acham que esse efeito, que é real sobre todas as formas de vida em geral, é um pouco ou até mesmo muito injusto, por causa da parte negativa ('...mas ao que não tiver até o que tem ser-lhe-á tirado...'), o que pode fazer muito sentido para muitas pessoas. Mas, na verdade, esse efeito ou regra tem essa aparência ruim porque as pessoas só olham para a parte da consequência negativa dela. Olhando para a parte positiva da regra, é possível '**virar o jogo**', ou seja, é perfeitamente possível ter sucesso vivendo sob a influência do '**Efeito Mateus**'.

1. ABANDONE O MEDO

🦁	**Tenha coragem**. A vida é um risco constante e o que te mantém vivo é a vontade do **Criador**.
🦁	**Pense**: "Se os outros servos são capazes **eu** também sou!".
🦁	**Aceite assumir riscos**, mas aprenda a gerenciá-los, isso se chama "**gestão de riscos**".
🦁	Conforto (como o **talento que foi enterrado**) gera estagnação e pobreza, como vimos na parábola dos talentos, é uma falsa segurança. Não existe estabilidade perfeita na vida, **somente em Cristo**.

A fé tem tudo a ver com ter coragem, e a coragem tem tudo a ver com ter fé. Se não fosse por alguns detalhes de definição e linguagem, essas duas coisas poderiam ser até mesmo sinônimos.

Não fui eu que lhe ordenei? Seja forte e corajoso! Não se apavore, nem se desanime, pois o Senhor, o seu Deus, estará com você por onde você andar".

Josué 1:9

2. SEJA ESTRATÉGICO:
FAÇA PLANOS

📅	Investir em conhecimento, buscar informação, aprender.
📅	Pedir conselhos e associar-se com o melhor (tente imaginar se o servo que recebeu menos talentos se juntasse com um dos outros servos ou copiasse o comportamento e estratégia deles...).
📅	Lembre-se da **regra "20/80"** ou **"Princípio de Pareto"**, ou seja, dedicar mais trabalho, mais estudo e mais investimento naquilo (20%) que trará mais resultado (80%), inclusive na gestão de riscos, podemos arriscar em apenas 20% no que pode ter melhores resultados e manter os 80% mais seguros.

Observe algumas, dentre muitas referências, do que a Bíblia nos diz a respeito de planejamento:

"Qual de vocês, se quiser construir uma torre, primeiro não se assenta e calcula o preço, para ver se tem dinheiro suficiente para completá-la?

Pois, se lançar o alicerce e não for capaz de terminá-la, todos os que a virem rirão dele, dizendo:

'Este homem começou a construir e não foi capaz de terminar'.

Lucas 14:28-30

Os planos bem elaborados levam à fartura; mas o apressado sempre acaba na miséria.

Provérbios 21:5

O rico domina sobre o pobre; quem toma emprestado é escravo de quem empresta.

Provérbios 22:7

3. COLOQUE SEUS PLANOS EM "MARCHA TOTAL"

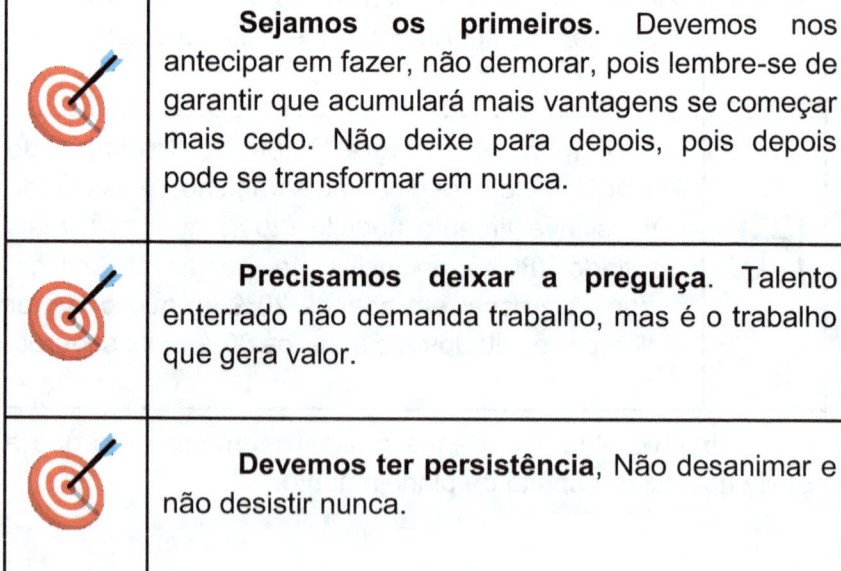

	Sejamos os primeiros. Devemos nos antecipar em fazer, não demorar, pois lembre-se de garantir que acumulará mais vantagens se começar mais cedo. Não deixe para depois, pois depois pode se transformar em nunca.
	Precisamos deixar a preguiça. Talento enterrado não demanda trabalho, mas é o trabalho que gera valor.
	Devemos ter persistência, Não desanimar e não desistir nunca.

Não havendo bois, o celeiro fica limpo, mas pela força do boi há abundância de colheitas.

Provérbios 14:4

Esforce-se para saber bem como suas ovelhas estão, dê cuidadosa atenção aos seus rebanhos, pois as riquezas não duram para sempre, e nada garante que a coroa passe de uma geração a outra.

Quando o feno for retirado, surgirem novos brotos e o capim das colinas for colhido, os cordeiros lhe fornecerão roupa, e os bodes lhe renderão o preço de um campo.

Haverá fartura de leite de cabra para alimentar você e sua família, e para sustentar as suas servas.

Provérbios 27:23-27

Ou seja, não tenha preguiça (limpar o celeiro); seja organizado e empregue os recursos necessários (boi) para cumprir o plano. Quem não quer ter o trabalho de limpar os celeiros, terá mais trabalho ainda para lavrar a terra com um resultado muito inferior. O trabalho e o controle são esforços obrigatórios. Quanto a agir e ser persistente, também podemos citar alguns textos da Bíblia:

O anjo do Senhor voltou, tocou nele e disse: "**Levante-se** e coma, pois a sua viagem será muito longa".

Então ele se levantou, comeu e bebeu. **Fortalecido** com aquela comida, viajou quarenta dias e quarenta noites, até que chegou a Horebe, o monte de Deus.

1 Reis 19:7,8

Levante-se, refulja! Porque chegou a sua luz, e a glória do Senhor raia sobre você.

Isaías 60:1

Levante-se! Esta questão está em suas mãos, mas nós o apoiaremos.

Tenha coragem e mãos à obra! "Esdras levantou-se e fez os sacerdotes principais e os levitas e todo o Israel jurarem que fariam o que fora sugerido. E eles juraram.

Esdras 10:4-5

4. USE O TEMPO AO SEU FAVOR

	O texto da parábola dos talentos diz: '...**E muito tempo depois** veio o senhor daqueles servos, e fez contas com eles.' Isso significa que o senhor dos servos concedeu a eles o poder do tempo. Não foque seus esforços no curto prazo; pense também no médio e, principalmente, no longo prazo, pois é no longo prazo que o tempo opera de forma mais poderosa quando se trata de investimentos (não apenas dinheiro, mas também na saúde, nas amizades e etc.).
	Muitos já conhecem a expressão '**Tempo é dinheiro**', atribuída a **Benjamin Franklin** e usada por **Henry Ford** e outros famosos. No entanto, do ponto de vista geral e financeiro, **tempo não é dinheiro**; tempo é um expoente ou potência sobre o dinheiro. Ou seja, o tempo tem uma participação muito maior no acúmulo de riqueza do que propõe a famosa frase. Vemos isso na forma de calcular juros sobre juros, ou juros compostos.

Veja como é a fórmula para calcular os juros compostos:

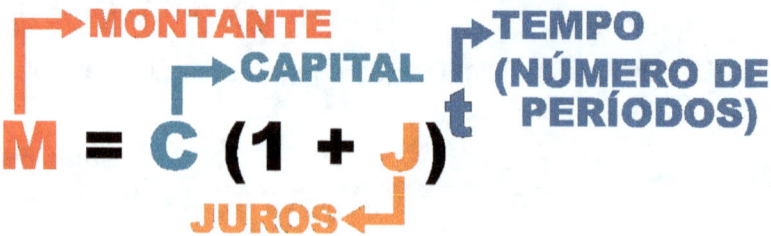

$$M = C(1 + J)^t$$

onde M = MONTANTE, C = CAPITAL, J = JUROS, t = TEMPO (NÚMERO DE PERÍODOS)

Montante é o final do acúmulo de dinheiro no período de tempo de aplicação, **capital** é o valor inicial que foi investido, **taxa de juros** é a porcentagem de juros aplicada e **tempo** é a quantidade ou número de períodos (ciclos) que farão os rendimentos se acumularem sobre o valor investido.

Qualquer dos componentes desta fórmula, ou seja, o **capital**, os **juros** ou o **tempo**, quando aumentado, aumentará diretamente o **montante**, que é o resultado final. No entanto, o **tempo** é o que mais impactará o resultado por ser um potencializador, afinal, ele ocupa a posição de expoente na função matemática.

"Os Juros compostos são a oitava maravilha do mundo. Quem conhece ganha, quem não conhece paga."
Autor desconhecido, ou supostamente Albert Einstein.

Quem quer que seja o verdadeiro autor dessa frase, o que ela quer dizer é que é mais vantajoso aplicar juros compostos a nosso favor (investindo) do que contra nós mesmos (contraindo dívidas e pagando caro por elas), por causa do poder que o tempo tem sobre o acúmulo do valor.

Os juros compostos também evidenciam o '**efeito Mateus**', e podemos entender isso se pensarmos no efeito de acumulação dos juros compostos como vantagens, ou desvantagens no caso de dívidas, se acumulando. Curiosamente, isto não se aplica apenas ao dinheiro. Como temos visto neste livro, o universo trabalha com várias regras que geram esse mesmo efeito na água, no ar, na vida, na matéria, na energia, e assim por diante.

Por exemplo, vamos imaginar mil moedas (1000) como capital, ou seja, temos mil moedas para fazer um investimento. Tal investimento, vamos supor, renderá sempre a uma taxa de **juros** de **1%** por mês. Vamos imaginar que o **tempo** de aplicação seja de 10 anos (120 meses). Veja o resultado que teria:

Capital	Taxa de juros	Tempo (Meses)	Montante / Resultado Final
1.000,00	1%	120	3.300,39

Para calcular basta usar a mesma fórmula dos juros compostos aplicando esses valores:

$$M = 1000 \times (1 + 1\%)^{120} = 3.300 \text{ moedas}$$

Se fizermos essa mesma aplicação por 20 anos, como ficaria?

Capital	Taxa de juros	Tempo (Meses)	Montante / Resultado Final
1.000,00	1%	240	10.892,55

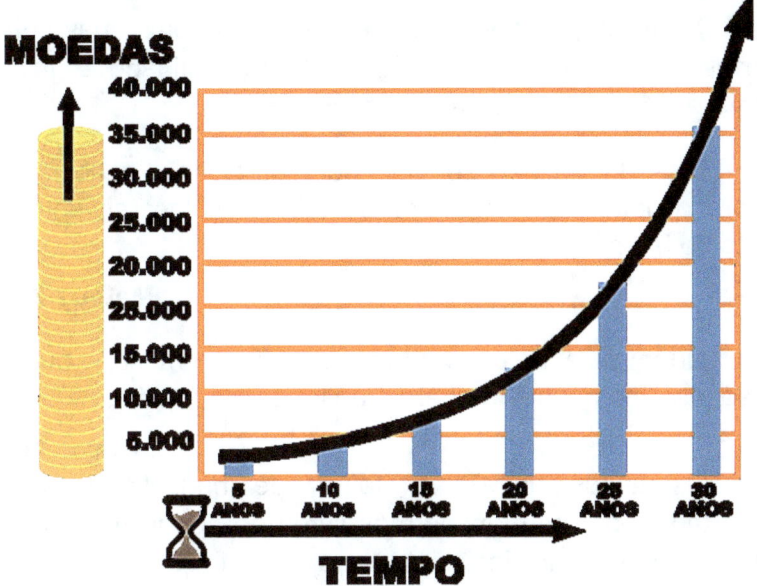

Se continuarmos a analisar este tipo de aplicação, veremos que a quantidade de moedas cresce exponencialmente ao longo dos anos, conforme mostra o gráfico. A curva de crescimento, cada vez mais inclinada, evidencia que quanto mais tempo passa, mais rapidamente as moedas se multiplicam. Em 30 anos, o total de moedas ultrapassará trinta e cinco mil (35.950,00). Esta análise projeta que, com o passar do tempo, esse acúmulo crescerá ainda mais rapidamente.

5. SEJA HONESTO

|  | Devemos ter fidelidade no pouco (escassez) e também no muito (fartura). |

Tanto na parábola dos talentos quanto em várias outras partes da Bíblia, temos a ideia de honestidade e justiça sempre reforçadas. Vejamos alguns textos:

Disse-lhe o seu senhor: Bem está, bom e fiel servo. Sobre o pouco foste fiel, sobre muito te colocarei; entra no gozo do teu senhor.

Mateus 25:23

Quem é fiel no pouco, também é fiel no muito, e quem é desonesto no pouco, também é desonesto no muito.

Lucas 16:10

Os textos da Bíblia, falam de honestidade e da importância em permanecermos livres do apego ganancioso, falam também da insistência no que é justo, oposto a ansiedade em se conseguir as coisas rapidamente. Não é pecado ter aspirações elevadas, mas é pecado ficar doente com ansiedade ou cobiçar e quebrar regras para alcançar o que se deseja.

Não seja como aqueles que, com um aperto de mãos, empenham-se com outros e se tornam fiadores de dívidas; se você não tem como pagá-las, por que correr o risco de perder até a cama em que dorme?

Provérbios 22:26,27

Quem ama o dinheiro jamais terá o suficiente; quem ama as riquezas jamais ficará satisfeito com os seus rendimentos. Isso também não faz sentido.

Quando aumentam os bens, também aumentam os que os consomem. E que benefício trazem os bens a quem os possui, senão dar um pouco de alegria aos seus olhos?

Eclesiastes 5:10,11

O dinheiro ganho com desonestidade diminuirá, mas quem o ajunta aos poucos terá cada vez mais.

Provérbios 13:11

Esforcem-se para ter uma vida tranqüila, cuidar dos seus próprios negócios e trabalhar com as próprias mãos, como nós os instruímos; a fim de que andem decentemente aos olhos dos que são de fora e não dependam de ninguém.

1 Tessalonicenses 4:11,12

Quem aumenta sua riqueza com juros exorbitantes ajunta para algum outro, que será bondoso com os pobres.

Provérbios 28:8

SISTEMA DE CRÉDITO
COMO FUNCIONA?

Funciona como é descrito na parábola dos talentos, o servo que teve o melhor resultado aos olhos do seu senhor foi quem recebeu a maior quantidade de talentos e ainda o talento que foi tirado do servo que teve o pior resultado foi entregue a ele. É assim que normalmente as pessoas são avaliadas por desempenho de funções, por meritocracia.

Na meritocracia não é quem mais precisa que recebe, como se alguém estiver precisando emprestar dinheiro de um banco, o banco não irá emprestar pelo fato de você precisar, mas vai avaliar a sua capacidade de conseguir pagar, dando preferência o quanto mais acima do que foi emprestado poderia pagar. O sistema de concessão de crédito, podendo ter variações, vai utilizar esse padrão na maioria das vezes.

QUEM TEM CRÉDITO?

A resposta a essa pergunta é: quem tem dinheiro, que é o mesmo que dizer, quem pode pagar mais pelo crédito ou quem ganha confiança.

Crédito (do latim **creditum**) é a confiança que se tem em algo. No campo das finanças em particular, é a confiança de que se vai receber de volta o dinheiro emprestado. Aquele que empresta dinheiro a um indivíduo ou a uma instituição se chama credor, pois ele "**crê**" que receberá seu dinheiro de volta.

SÓ QUEM MERECE GANHA?

Não, no reino espiritual e material existe tanto a recompensa (ou punição) pelo esforço (ou falta de esforço) e resultados como também existe, principalmente da parte do **Criador, a graça de Cristo** que não **nos custa absolutamente nada**, mas só alcançamos por fé e por confissão. No mundo material existe a nossa função de praticar a justiça, buscar a verdade em Deus, ajudar as pessoas que precisam e resgatar as almas que estão perdidas. É o que alguns chamam de caridade, mas eu gosto de chamar de "amor em ação".

Resumindo é isso: quem merece pode ganhar e quem precisa também, porque no fundo de tudo isso, só existe uma pessoa que, tendo sido homem, merece de verdade todas as coisas: O **Cordeiro de Deus** e nosso Salvador, o **Cristo**, é dEle todo o Crédito a favor de toda humanidade.

Contudo, é claro que o sistema de concessão de crédito vai sempre se valer de recompensa ou punição por mérito, o que podemos chamar de meritocracia, e é nessa abertura que devemos entrar com a nossa **oferta de alívio** para as pessoas que precisam para igualar o campo entre **meritocracia** e **solidariedade**.

O generoso prosperará; quem dá alívio aos outros, alívio receberá.

Provérbios 11:25

Aprender a receber, como já mencionado neste livro, corrige em nosso subconsciente que podemos receber mesmo sem merecer (isso acontece o tempo todo, pois Deus nos enche de dádivas...). A partir desse aprendizado, começamos a entender muitas outras coisas a respeito de valores, riquezas, prosperidade e também da nossa dependência de Deus até nas coisas que nem imaginávamos antes.

CAPÍTULO 09

EMPREENDER COM AMOR: A SUPER NOIVA!

Existe um texto na Bíblia que fala sobre **a mulher virtuosa**, no livro de Provérbios. Uma vez, ouvi uma pastora, amiga minha, dizer em tom de brincadeira, numa conversa informal, que era quase impossível uma mulher se igualar à mulher virtuosa de Provérbios, por causa das muitas qualidades apresentadas.

A intenção da pastora não era desmotivar as outras mulheres presentes, mas, enfatizar que exige um esforço para que uma mulher comum consiga o respeito e possa ser chamada de virtuosa. Veja o texto:

Mulher virtuosa, quem a achará? O seu valor muito excede o de finas jóias. **O coração do seu marido confia nela**, e não haverá falta de ganho.

Provérbios 31:10,11

A mulher virtuosa não é uma mulher comum; ela é uma idealização de uma boa esposa para o **Rei Lemuel** (o autor dos provérbios sobre a mulher virtuosa), declarada em forma de exortação, baseada nas memórias que ele tem das palavras de sabedoria de sua própria mãe.

Ditados do rei Lemuel; uma exortação que sua mãe lhe fez:
"Ó meu filho, filho do meu ventre, filho de meus votos, não gaste sua força com mulheres, seu vigor com aquelas que destroem reis.

Provérbios 31:1-3

Vou mencionar as muitas outras qualidades descritas nesses provérbios mais adiante, mas essa declaração de mulher virtuosa combina com outros conselhos do livro de **Provérbios**:

A mulher sábia edifica a sua casa, mas com as próprias mãos a insensata derruba a sua.

Provérbios 14:1

A mulher exemplar é a coroa do seu marido, mas a de comportamento vergonhoso é como câncer em seus ossos.

Provérbios 12:4

Assim você manterá o bom senso, e os seus lábios guardarão o conhecimento. Pois os lábios da mulher imoral destilam mel; sua voz é mais suave que o azeite, mas no final é amarga como fel, afiada como uma espada de dois gumes.

Provérbios 5:2-4

A sabedoria o livrará do caminho dos maus, dos homens de palavras perversas, (...)

Ela também o livrará da mulher imoral, da pervertida que seduz com suas palavras,

Provérbios 2:12,16

É claro que existem mulheres virtuosas de 'carne e osso'; Rute foi um exemplo que a Bíblia cita:

Boaz lhe respondeu: "O Senhor a abençoe, minha filha!

Este seu gesto de bondade é ainda maior do que o primeiro, pois você poderia ter ido atrás dos mais jovens, ricos ou pobres!

Agora, minha filha, não tenha medo; farei por você tudo o que me pedir. Todos os meus concidadãos sabem que **você é mulher virtuosa**.

Rute 3:10,11

Não sabemos se **Rute**, assim como outras mulheres da Bíblia, conseguia atender a todos os requisitos idealizados pela mãe do Rei Lemuel, para ser esposa de seu filho, conforme **Provérbios 2:12,16**. Mas sabemos que Rute, além de ser virtuosa, podia contar com a grande sabedoria de sua sogra **Noemi**, e ambas nutriam uma poderosa ligação afetiva.

Uma das interpretações sobre essa mulher virtuosa é que se trata da **personificação** da **sabedoria de Deus**, e que eu acredito e admito fazer muito sentido, especialmente em concordância com os livros de **Provérbios**, **Eclesiastes**, entre outros.

Mas a interpretação de mulher virtuosa que eu quero apresentar, e que também se encaixa muito bem com o tema geral deste livro, é de que essa **'mulher ideal'** é simplesmente a própria **igreja de Cristo** no seu papel de noiva quando está cheia do **Espírito Santo**, e essa interpretação não anula a interpretação da personificação da sabedoria de Deus. Então, essas muitas virtudes, que se assemelham muito com os dons do Espírito (**1 Coríntios 12:4-11**, **Romanos 12:6-8**, **Gálatas 5:22-23**), e qualidades descritas nesses provérbios fazem parte de nosso papel como igreja de gerar valores e praticar as boas obras que precisamos cumprir. Pode parecer algo difícil para uma só mulher conseguir cumprir todas essas expectativas, mas para muitas pessoas unidas como igreja (**corpo de Cristo**, tendo **Cristo** como a cabeça), essas expectativas se tornam suaves, graças ao empenho e união. Juntos, formamos a igreja, a **noiva de Cristo**.

> Esposas, submetam-se a seus maridos, como ao Senhor.
>
> Porque o marido é o cabeça da mulher, assim como Cristo é o cabeça da igreja: e ele é o salvador do corpo.
>
> **Efésios 5:22,23**

A IGREJA É CONFIÁVEL

A Igreja deve ser favorecida pelo sistema de crédito, tanto humano quanto celestial, se ela fizer o que precisa ser feito e entender seu papel como esposa de Cristo. Ou seja, ela ganha o crédito, conforme aprendemos anteriormente.

Conforme **Provérbios 31:11**: "**O coração do seu marido confia nela.**" O marido da igreja é Cristo e ele já confiou a nós a missão de ganhar almas para o reino de Deus e conforme esse mesmo versículo "...**e não haverá falta de ganho**", ressaltando que esse **ganho** pode significar almas, que é espiritual, e ao mesmo tempo também recursos financeiros, que é material.

A IGREJA APRENDEU A FAZER O BEM

A igreja possui a virtude de ser boa, honesta, justa e idônea, e a certa altura de maturidade na fé cristã ela já desenvolveu esse requisito básico conforme aprendemos em **Isaías 1:17** e pratica o bem segundo os provérbios da mulher virtuosa:

Ela lhe faz bem e não mal, todos os dias da sua vida.

Provérbios 31:12

A IGREJA TRABALHA COM PROPÓSITO

É fácil imaginar uma esposa trabalhando e cuidando das pessoas e das coisas em um lar ao ler os versos a seguir, mas te convido a ler esses versículos sobre a mulher virtuosa pelo prisma de que essa mulher são os líderes e membros de uma igreja trabalhando em conjunto:

Busca lã e linho e de bom grado trabalha com as mãos. É como o navio mercante: de longe traz o seu pão.

Provérbios 31:13,14

Cinge os lombos de força e fortalece os braços.

Provérbios 31:17

Estende as mãos ao fuso, mãos que pegam na roca.

Provérbios 31:19

Atende ao bom andamento da sua casa e não come o pão da preguiça.

Provérbios 31:27

A IGREJA TEM PRESSA

Acordar cedo pode significar agir sem demora e o nosso despertar de propósito para fazer a grande obra de Deus, lembrando-se da "lei da semeadura" e do "Efeito Mateus".

É ainda noite, e já se levanta, e dá mantimento à sua casa e a tarefa às suas servas.

Provérbios 31:15

A IGREJA INVESTE E EMPREENDE

A igreja deve saber investir, e trabalhar e reaplicar os ganhos, tanto para gerar rendimentos quanto para ganhar almas e ajudar as pessoas que precisam de recursos; principalmente quem precisa encontrar a **Palavra** e o **Caminho** da **Salvação**.

Examina uma propriedade e adquire-a; planta uma vinha com as rendas do seu trabalho.

Provérbios 31:16

A IGREJA TEM EXCELÊNCIA

A igreja precisa possuir a virtude de produzir o que é de boa qualidade e também ter a provisão necessária, esse **diferencial** serve para chamar a atenção das pessoas que observam o trabalho que a igreja faz, mas principalmente, semelhantemente aos mil holocaustos de Salomão, precisa entregar o louvor e a adoração a Deus com dedicação máxima.

Ela percebe que o seu ganho é bom; a sua lâmpada não se apaga de noite.

Provérbios 31:18

Faz para si cobertas, veste-se de linho fino e de púrpura.

Provérbios 31:22

Ela faz roupas de linho fino, e vende-as, e dá cintas aos mercadores.

Provérbios 31:24

A IGREJA É GENEROSA

Abre a mão ao aflito; e ainda a estende ao necessitado.

Provérbios 31:20

A IGREJA NÃO TEME O FUTURO

Essa confiança reside no seu caráter íntegro, sustentado pelo revestimento do **Espírito Santo**, e em suas ações de planejamento para o futuro. Além disso, ela se apoia no maior provedor de sua casa, seu marido, **Cristo**, que pagou o dote pela noiva com o **bem mais precioso da terra**: seu próprio **sangue**. Esta 'mulher ideal' é realmente superdotada.

No tocante à sua casa, não teme a neve, pois todos andam vestidos de lã escarlate.

Provérbios 31:21

A força e a dignidade são os seus vestidos, e, quanto ao dia de amanhã, não tem preocupações.

Provérbios 31:25

A IGREJA É FONTE DE SABEDORIA

A igreja também tem o papel de propagar a sabedoria das **Escrituras**. Ela ensina, conhece e profere a leis de Deus e da abundância para que seus filhos e servos aprendam a viver bem.

Fala com sabedoria, e a instrução da bondade está na sua língua.

Provérbios 31:26

A IGREJA EXALTA CRISTO

Exaltar pode significar representar e ao mesmo tempo engrandecer. Este é outro papel que a igreja possui na face da terra, como uma boa esposa ao se apresentar em uma ocasião qualquer, está sempre recebendo honra como escolhida por seu amado enquanto simultaneamente faz seu amado se destacar entre os presentes.

Seu marido é estimado entre os juízes, quando se assenta com os anciãos da terra.

Provérbios 31:23

A IGREJA TEM ZELO

A igreja não deve se destacar somente pelas aparências, mas sim mostrar seu valor pela boa obra e por levar **Deus** e sua **Palavra** rigorosamente a sério.

Levantam-se seus filhos e lhe chamam ditosa; seu marido a louva, dizendo: Muitas mulheres procedem virtuosamente, mas tu a todas sobrepujas.

Provérbios 31:28-29

Enganosa é a graça, e vã, a formosura, mas a mulher que teme ao Senhor, essa será louvada.

Provérbios 31:30

A IGREJA COMEMORA OS TRIUNFOS

A igreja aproveita os frutos de seu próprio trabalho, participa e se alegra com o crescimento do reino de Deus, que ela promoveu juntamente com o que o marido (**Cristo**) provê.

Dai-lhe do fruto das suas mãos, e de público a louvarão as suas obras.

Provérbios 31:31

Apesar de toda interpretação que é feita de forma espiritual e a respeito da pregação do evangelho, é impossível não notar que esses provérbios da mulher virtuosa falam muito do mundo dos negócios, do empreendedorismo, do trabalho, da geração de renda e das riquezas.

Cada um de nós também pode aplicar estes conceitos na nossa vida pessoal, nos estudos, no trabalho e nos negócios. De qualquer modo, todos, antes de pertencermos à igreja de Cristo, somos pessoas, e são as pessoas que fazem as obras da igreja. Devemos ter essas virtudes tanto na vida particular como também na obra de Deus.

Assim como a sabedoria personificada, descrita por Salomão, pelo rei Lemuel ou por outros autores dos livros da Bíblia, apresenta características do **Espírito Santo**, como as suas **sete colunas** (Sabedoria, Entendimento, Conselho, Fortaleza, Ciência, Amor e Temor de Deus), representado pelo candelabro de **sete braços**, o **menorá** da cultura judaica, a igreja também necessita das doze virtudes (ou o fruto) do Espírito (amor incondicional, alegria, paz, paciência, bondade, boas intenções, fidelidade, mansidão e domínio próprio).

Até **Sansão** possuía as virtudes das 'sete colunas' do **Espírito Santo**, onde sua força descomunal era apenas uma delas. Tais virtudes foram por ele recebidas por causa do seu chamado e do voto de nazireu (separado, consagrado) solicitado a sua mãe, ou seja, ela tinha que entregar seu filho para Deus e cumprir uma série de restrições em santificação. Os longos cabelos de Sansão não apenas ficavam proibidos de serem cortados, mas tinham que formar **sete tranças**, representando **Ruach** (o Espírito Santo). Mas Sansão perdeu suas virtudes quando revelou seu segredo para **Dalila**.

Fazendo-o dormir no seu colo, ela chamou um homem para cortar as **sete tranças** do cabelo dele, e assim começou a subjugá-lo. E a sua força o deixou.

Juízes 16:19

Que a **Igreja de Cristo**, seja diferente do servo inútil da parábola dos talentos do livro de Mateus e diferente também de Sansão, que ela nunca perca as virtudes do **Espírito Santo** para poder continuar sendo a mulher virtuosa. E ambos, A **Igreja** e o **Consolador** clamem pela chegada do **Noivo**:

E o **Espírito** e a **esposa** dizem: Vem. E quem ouve, diga: Vem. E quem tem sede, venha; e quem quiser, tome de graça da água da vida.

Apocalipse 22:17

O **Espírito Santo** está com a igreja, operando no meio dela enquanto a capacita e prepara para se encontrar com seu Noivo e Resgatador, **Cristo**. Portanto, a igreja tem a obrigação e o propósito de utilizar todos os seus talentos, sejam dons espirituais ou recursos financeiros, para não ser como o servo mau e inútil da parábola dos talentos.

Que a igreja sempre aplique o 'Efeito Mateus', a 'Lei da Semeadura', o 'Princípio de Pareto' e muitos outros métodos e estratégias em benefício do propósito de Deus para ela e para Sua criação. Amém!

CAPÍTULO 10
TESOUROS NO REINO DE DEUS

RIQUESAS NA TERRA

Nosso planeta terra é repleto de riquezas desde sua criação:

No Éden nascia um rio que irrigava o jardim, e depois se dividia em quatro. O nome do primeiro é Pisom. Ele percorre toda a terra de Havilá, onde existe ouro. O ouro daquela terra é excelente; lá também existem o bdélio e a pedra de ônix.

Gênesis 2:10-12

Aprender a fazer o bem e trabalhar em direção a cada propósito de vida, gerados em nós por Deus, é a forma de ligar as dimensões, o plano material e o plano espiritual, empregando essas riquezas no desenvolvimento e no plano de Deus para toda a humanidade.

RIQUESAS NO CÉU

Aprendemos que é importante não apenas ter riquezas nesta terra, como o texto de **Gênesis 2:10-12** cita que existia desde o início lá no Éden, mas também saber empregá-la conforme a Bíblia nos orienta e fazer as boas obras para com todos. Fazendo tal coisa nós estamos agradando a DEUS através do amor, pela fé, e consequentemente nos preparando para riquezas ainda não conhecidas na nova Jerusalém:

Então vi um novo céu e uma nova terra, pois o primeiro céu e a primeira terra tinham passado; e o mar já não existia. Vi a cidade santa, a nova Jerusalém, que descia do céu, da parte de Deus, preparada como uma noiva adornada para o seu marido.

Apocalipse 21:1-2

UMA CIDADE – UMA NOIVA

A nova Jerusalém da visão de João em Apocalipse se assemelha muito com a definição da própria **igreja de Cristo**, conforme aprendemos nos provérbios da mulher virtuosa.

> Um dos sete anjos que tinham as sete taças cheias das últimas sete pragas aproximou-se e me disse: "Venha, eu lhe mostrarei a **noiva**, a **esposa do Cordeiro**".
> Ele me levou no Espírito a um grande e alto monte e mostrou-me a Cidade Santa, Jerusalém, que descia do céu, da parte de Deus.
>
> Ela resplandecia com a glória de Deus, e o seu brilho era como o de uma **jóia muito preciosa**, como jaspe, clara como cristal.
>
> Apocalipse 21:9-11

UMA CONEXÃO CONSTANTE

Nesse novo tempo e local no universo, deixará de existir a necessidade ter que ir ao templo ou lugar especial para poder adorar e sentir a presença de Deus, pois Deus estará conosco o tempo todo.

> Ouvi uma forte voz que vinha do trono e dizia: "Agora o tabernáculo de Deus está com os homens, com os quais ele viverá. Eles serão os seus povos; o próprio Deus estará com eles e será o seu Deus.
>
> Apocalipse 21:3

> Não vi templo algum na cidade, pois o Senhor Deus todo-poderoso e o Cordeiro são o seu templo.
>
> Apocalipse 21:22

A cidade não precisa de sol nem de lua para brilharem sobre ela, pois a glória de Deus a ilumina, e o Cordeiro é a sua candeia.

As nações andarão em sua luz, e os reis da terra lhe trarão a sua glória.

Suas portas jamais se fecharão de dia, pois ali não haverá noite. A glória e a honra das nações lhe serão trazidas.

Apocalipse 21:23-26

SOLUÇÃO DEFINITIVA PARA A HUAMNIDADE

Muitas pessoas e grupos pelo mundo afora se empenham em causas importantes, tentando convencer as pessoas a ajudar nessas causas. Entre elas: "acabar com a fome no mundo", "acabar com as doenças do mundo", "acabar com as guerras no mundo", "acabar com a miséria no mundo", e por aí vai...

O que é muito triste, para nós que entendemos um pouco mais além daquilo que é material, e que conhecemos a Verdade que é Cristo, é ter que admitir que essas coisas sejam tão difíceis de alcançar beirando o impossível, para nós humanos, por causa de vários fatores no qual é o pecado e o principal motivo.

Isso não significa que devemos deixar de nos esforçar por essas causas. Até porque, neste livro, temos visto que precisamos cumprir nosso papel de ajudar as pessoas. Mas existe uma esperança ainda mais excelente que se cumprirá, onde todos esses problemas da humanidade serão finalmente resolvidos de uma vez por todas:

Ele enxugará dos seus olhos toda lágrima. Não haverá mais morte, nem tristeza, nem choro, nem dor, pois a antiga ordem já passou".

Aquele que estava assentado no trono disse: "Estou fazendo novas todas as coisas!"

E acrescentou: "Escreva isto, pois estas palavras são verdadeiras e dignas de confiança".

Apocalipse 21:4-5

A provisão será eterna e gratuita para todos que vencerem:

Disse-me ainda: "Está feito. Eu sou o Alfa e o Ômega, o Princípio e o Fim. A quem tiver sede, darei de beber gratuitamente da fonte da água da vida.

O vencedor herdará tudo isto, e eu serei seu Deus e ele será meu filho.

Apocalipse 21:6-7

QUALIDADE TOTAL

Entre os assuntos de hoje, quando se menciona qualidade de vida, temos a segurança, a paz, a tranquilidade, a confiança nas pessoas e nos relacionamentos. Nessas promessas, encontramos uma grande e importante motivação: para os que foram justificados e que amam a justiça de Deus, nesse tempo e lugar santo, não precisaremos desconfiar de ninguém, pois as pessoas que estarão ali serão boas, transformadas e justificadas como nós.

Mas os covardes, os incrédulos, os depravados, os assassinos, os que cometem imoralidade sexual, os que praticam feitiçaria, os idólatras e todos os mentirosos — o lugar deles será no lago de fogo que arde com enxofre. Esta é a segunda morte".

Apocalipse 21:8

Nela jamais entrará algo impuro, nem ninguém que pratique o que é vergonhoso ou enganoso, mas unicamente aqueles cujos nomes estão escritos no livro da vida do Cordeiro.

Apocalipse 21:27

EXPLENDOR SUPREMO

Em relação às riquezas e à beleza dessa grandiosa cidade, a profecia revelada para João relata alguns detalhes muito impressionantes:

Tinha uma grande e alta muralha com doze portas e doze anjos junto às portas.

Nas portas estavam escritos os nomes das doze tribos de Israel. Havia três portas ao oriente, três ao norte, três ao sul e três ao ocidente.

A muralha da cidade tinha doze fundamentos, e neles estavam os nomes dos doze apóstolos do Cordeiro.

Apocalipse 21:12-14

A cidade era quadrangular, de comprimento e largura iguais.

Ele mediu a cidade com a vara; tinha dois mil e duzentos quilômetros de comprimento; a largura e a altura eram iguais ao comprimento.

Ele mediu a muralha, e deu sessenta e cinco metros de espessura, segundo a medida humana que o anjo estava usando. A muralha era feita de jaspe e a cidade de ouro puro, semelhante ao vidro puro.

Os fundamentos dos muros da cidade eram ornamentados com toda sorte de pedras preciosas.

O primeiro fundamento era ornamentado com jaspe; o segundo com safira; o terceiro com calcedônia; o quarto com esmeralda; o quinto com sardônio; o sexto com sárdio; o sétimo com crisólito; o oitavo com berilo; o nono com topázio; o décimo com crisópraso; o décimo primeiro com jacinto; e o décimo segundo com ametista. As doze portas eram doze pérolas, cada porta feita de uma única pérola.

A rua principal da cidade era de ouro puro, como vidro transparente.

Apocalipse 21:16-21

A cidade é tão excelente que até mesmo para medi-la não foi usado um instrumento qualquer, mas sim uma **vara feita de ouro**, representando algo de muito valor. O ouro é um símbolo não apenas de **riqueza**, mas também de **pureza**, e é citado em muitas partes da Bíblia, tanto falando das coisas materiais como também das coisas espirituais. Um grande exemplo é que o ouro foi um dos materiais citados na construção do templo que Salomão fez para Deus.

O anjo que falava comigo tinha como medida **uma vara feita de ouro**, para medir a cidade, suas portas e seus muros.

Apocalipse 21:15

Vamos relembrar o que aprendemos sobre medida e julgamento:

Não julguem, para que vocês não sejam julgados.

Pois da mesma forma que julgarem, vocês serão julgados; e **a medida que usarem, também será usada para medir vocês**.

Mateus 7:1,2

Cristo é a **Palavra de Deus**, Ele é o **Verbo**, e como mencionado nos textos de Apocalipse, Ele é o **Começo** (estava no início, participou da criação), o **Alfa**. Ele também é o **Fim** (o Destino), o **Ômega**, o ponto final, o cumprimento de todas as promessas, de todas as profecias de Deus. É a **Força Ativa** do **Criador** que vive para sempre, é o nosso **Salvador**, é o dote de **Deus Pai**. **Cristo** é o **Melhor da Terra**!

DEDICATÓRIA

Ao amado Deus Eterno e à minha querida família,

É com profunda gratidão em meu coração que dedico este livro a vocês. Primeiramente, agradeço ao **Deus Altíssimo** por me dar a habilidade, inspiração e criar em mim a vontade de escrever este livro. Sei que, sem Sua graça e orientação divina, nada disso teria sido possível, assim como tudo em minha vida.

Agradeço também à minha família, minha esposa e meus filhos, pelo apoio e carinho, pois consegui tirar força e motivação de cada um de vocês. Nossa ligação e nossa adoração a Deus em união, além de me motivar, também me ajudaram a entender muitas das coisas que pude compartilhar neste livro.

Espero que este livro possa trazer alegria, inspiração e conhecimento a todos que o lerem, assim como vocês trouxeram alegria, inspiração e conhecimento à minha vida. Mais uma vez, obrigado por tudo. E que muitos possam ter acesso ao conhecimento da **Palavra de Deus** e que também descubram, assim como eu e cada um de vocês, minha família, como é maravilhoso conhecer 'O Melhor da Terra'.

Com amor e gratidão, Fernando H. Pereira.

05 de Maio de 2024.

www.ingramcontent.com/pod-product-compliance
Lightning Source LLC
Chambersburg PA
CBHW071919210526
45479CB00002B/481